해양문화의 보고, 제주바다

국립제주박물관 문화총서 16

해양문화의 보고,
제주바다

인 쇄 일	2017년 4월 10일
발 행 일	2017년 4월 14일
기 획	정상기, 이수진
편 저	국립제주박물관
	제주특별자치도 제주시 일주동로 17
	TEL. 064-720-8000
발 행 처	서경문화사
발 행 인	김선경
디 자 인	김소라
	서울특별시 종로구 이화장길 70-14(105호)
	TEL. 02-743-8203 FAX. 02-743-8210
등록번호	제300-1994-41호

I S B N   978-89-6062-195-4   04090
ⓒ국립제주박물관, 2017

값   14,000원

＊잘못된 책은 교환해 드립니다.
＊저자와의 협의하에 인지는 생략합니다.

해양문화의 보고,
제주바다

국립제주박물관 편

서경문화사

　제주 최초의 국립 고고역사박물관인 국립제주박물관은 다채로운 전시와 교육프로그램을 운영하며 지역의 중심 문화기관으로서의 역할을 해왔습니다. 이 가운데, 일반 성인을 대상으로 운영하는 강좌프로그램인 〈박물관 아카데미〉는 2001년 개관 이후, 15년 동안 매년 새로운 주제로 제주와 동서양의 역사문화를 다루어 왔습니다. 그리고 올 해에는 국립제주박물관 상설전시실의 재개관을 맞아 제주의 역사에 초점을 맞추어 '해양문화의 보고, 제주바다'를 주제로 이야기를 나누고자 합니다.

　화산섬으로 이루어진 제주는 지리적 배경을 바탕으로 선사시대 이래로 독특한 역사와 문화를 형성·발전시켜온 해양문화의 중심지입니다. 한반도와 중국, 일본을 잇는 동북아시아지역 문화교류의 주요 거점으로서, 일찍이 주변의 선진문화를 받아들여 토착적인 탐라문화를 발전시켰습니다. 또한 고려시대에는 삼별초의 대몽항쟁의 마지막 보루로서 기능하였으며, 조선시대에는 유배와 표류인 같은 외부 문화의 유입과 변화속에서 무속신앙과 돌, 해녀문화 등 제주만의 고유한 생활문화를 만들어갔습니다.

    '과거 세계지도에 제주는 어떻게 표시되어 있었을까요?', '제주 바다 속에 보물선이 숨겨져 있었다는 사실, 알고 있으셨나요?' 이번 강좌는 여러분에게 좀 더 풍성한 제주의 이야기를 들려드리고자 합니다. 또한, 역사학 뿐 아니라 고고학, 자연과학, 민속학 등 다양한 학문의 전문가들이 참여함으로써, 제주의 해양문화를 다양한 시각에서 체계적으로 살펴볼 수 있는 기회를 드릴 것입니다.

    "우리가 바다를 알고자 하는 것은 단순한 호기심 때문이 아니라 바다에 우리들의 생존이 걸려 있기 때문이다." 미국의 전 대통령 존F케네디의 말입니다. 생계수단이자 문화교류의 통로였던 바다는 두려움의 대상이자 숭배의 대상이었고, 제주인의 삶 그 자체였습니다. 이번 강좌를 통해 역사와 문화속에서 제주바다가 지니는 의미를 되새기고, 해양문화의 미래 가치를 생각해볼 수 있는 좋은 자리가 되기를 바랍니다.

2017년 4월
국립제주박물관장
김 종 만

차 례

고고학을 통해 본
한국과 세계 항해사

이청규
(영남대학교 문화인류학과 교수)

| 고고학을 통해 본 한국과 세계 항해사

고고학을 통해 본
한국과 세계 항해사

I. 머리말

고고학은 과거 사람들이 남긴 물질자료를 통해서 그들의 생활상과 문화, 그리고 역사를 설명하는 것을 목적으로 한다. 그 대부분은 발굴과 지표조사를 통해서 수집한 물질자료를 통해서 육상에서 이루어진 사람의 활동을 설명한다. 그러한 고고학이 바다에서 이루어지는 사람의 활동을 설명하는 데에 일정한 한계가 있다.

선사시대의 경우 바닷가에 위치한 패총에서 발견되는 해양동물의 유체(遺體)와 어로 도구 같은 자료를 토대로 접근한 것이 있을 뿐이다. 이를 근거로 당시 사람들의 어로생활이 설명된다. 고대와 중세에 들어와 바다에 난파된 배에 대한 수중고고학의 발굴조사를 통하여 선박의 구조와 항해술, 그리고 해상무역에 대하여 집중적으로 논의된 바 있다. 패총과 난파선을 대상으로 한 연구 이외의 다른 분야에서는 총체적이고도 체계적으로 접근되지 못하였던 것이다.

따라서 고고학 자료로써 사람의 해상활동을 설명하는 경우 그 대부분 문헌기록이나 구전(口傳)을 통해서 알려진 내용과 조합할 수밖에 없다. 그렇게 문헌기록과 고고학 자료를 조합한 접근은 고고학자가 아닌 고대사학자들이 지금까지 주도하여 왔다. 최근에 들어서서 해상활동에 대한 고고학적 연구는 비록 다른 분야와의 학제

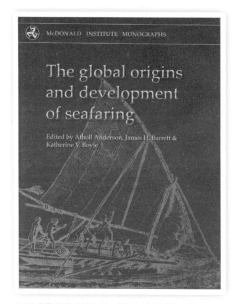

01 | 〈세계 해상활동의 기원과 전개〉 책표지
(맥도날드 고고학연구소 2010)

간(學際間) 협력이 절대적으로 필요하지만, 나름대로 그 연구대상과 방법이 세계 전 지역에 걸쳐서 체계를 갖추어야 한다는 목소리가 높아지고 있다.

영국 케임브리지대학의 맥도날드 고고학 연구소에서 2007년에 학술대회가 개최되고 2010년에 그 성과가 출판된 〈세계 해상활동의 기원과 그 전개〉라는 주제의 학술대회를 살펴보면, 선박 건조와 항해기술, 조류, 바람 등과 관련된 해양환경, 선박을 통한 주민 집단의 이동과 정주, 교역과 전쟁, 그리고 도서지역의 사회 발전 등등과 관련한 주제를 제시하고 있다. 전 세계 각 지역에 걸쳐 다양하게 설명되면서도 이들을 서로 엮는 학문적 체계를 정립하기 위해서 나름대로 모색하는 모습을 살필 수 있었다.

이와 같은 총체적인 접근은 많은 학문적 노력과 경험이 필요한 것은 두말할 필요가 없다. 수중 환경에서의 고고학 연구조사 방법에도 정통해야함은 물론이거니와 생물유체나 해양지질 등에 대한 자연과학적 지식, 그리고 어로방법에 대한 민족지(民族誌)는 물론 무엇보다도 선박의 제작과 항해기술에 대한 충분한 이해가 있지 않으면 어려운 작업이다. 더 나아가 선적된 많은 유물, 특히 아시아와 유럽 지역의 고대 중세 난파선의 경우 도자기와 화폐에 대한 조예가 없으면 더욱 그러하다. 그러므로 각 분야에 대해 정통한 연구자들이 공동으로 참여하지 않으면 해양고고학과 관련하여 일정한 수준 이상의 성과를 내기 어렵다. 더군다나 원거리 해상활동은 다수의 국가와 지역이 연계되어 있으므로 국제적인 네트워크가 절대 필요한 것이다.

Ⅱ. 세계의 해양환경과 항해

해상활동의 무대가 되는 바다는 지구 면적의 반을 차지하고 있다. 육지와 달라서 바다는 식량자원을 제공하고 있기는 하나, 정착이 불가능하고 이동하는 공간이다. 장기간 정착하거나 휴식할 수 있는 공간은 해안내륙이나 도서지역임은 물론이다. 따라서 세계의 바다는 동일한 높이로 모두 이어져 있음에도 대륙과의 거리와 도서의 분포 등이 각기 다른 해상활동을 보여주는 조건으로 작용한다. 게다가 해상 공간에서의 이동은 조류의 방향이나 바람에 의해서 크게 영향을 받는다. 이처럼 바다와 관련된 여러 요소들이 전세계 각 수역 별로 다르게 결합되고, 그것이 나아가 각기 고유한 해상활동을 보여주는 일차적인 배경이 된다 하겠다.

세계 전 지역에서 이루어진 해상활동의 역사를 설명하는데 여러 관점이 있지만, 돛을 달아 바람을 이용한 선박의 등장이 언제 등장하였는가에 중점을 둔 것이 널리 알려져 있다. 오스트레일리아의 고고학자 앤더슨(Atholl Anderson)은 그림 또는 실물 등의 고고학 자료 혹은 문헌 기록을 통하여 범선이 언제 운항되기 시작하였는가에 따라서 전 세계 바다를 크게 6개 구역으로 구분한 바 있다(그림 2).

5,500~5,000년 전에 최초의 범선이 활동한 제1단계 수역은 이집트와 메소포타미아 문명권에 인접한 지중해 동부로서 고대문명

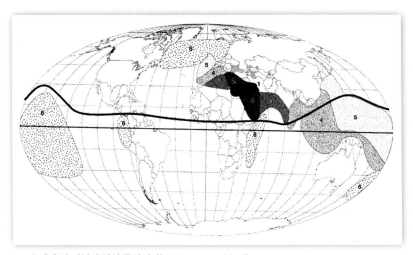

02 | 세계 각 해역의 범선 등장시기(A. Andrson 2010)
(1:5,500~5,000BP, 2:4,500BP, 3:4,000BP, 4:3,000BP, 5:2,000BP,
6:1,000BP)

이 본격적으로 등장할 무렵에 범선이 적극 활용되었다고 할 수 있
다. 그 다음 2단계 수역은 4,500년 전에 이르면 그 주변으로 전파
되어 아드리아해와 에게해, 그리고 페르시아해와 홍해로서 에게 문
명권이 형성되면서 동부아프리카와 이란남부 지역으로 무역이 활
발하게 이루어진 구역이다.

　3단계는 4,000년 전에 해당되는데 지중해 서부와 이란 남부와
인도 서부를 아우르는 인도양 수역, 다음 4단계는 3천년 전으로서
태평양 서부와 남부를 아우르는 수역이다. 후자 수역에서의 해상
활동은 구석기시대까지 거슬러 올라가지만, 범선을 활용한 원거리
항해는 이 시기에 비로소 시작된 것으로 추정되고 있다. 지중해 서
부연안 또한 이 단계에 비로소 범선이 등장한 것으로 이해된다. 2
천 년 전의 5단계에는 한반도 남부의 동중국해와 멜라네시아 해역,
그리고 영국과 프랑스 북부 사이의 북해와 발틱해 수역이 해당

된다.

　그리고 가장 늦은 단계인 1천 년 전에 아프리카 동부 연안의 인도양 서부, 태평양 남부의 폴리네시아 수역, 스칸디나비아 반도 서부와 아이슬란드, 그린랜드를 연결하는 북대서양 북부에서 범선이 등장한 것으로 설명하고 있다. 그 이외의 수역인 카리브해, 아메리카 서부 연안과 아프리카 동부 연안 수역에서는 유럽의 대항해시대에 비로소 범선이 등장한다고 설명하였다. 이러한 설명은 새로운 조사 성과에 의하여 얼마든지 변경될 수 있다. 특히 중국과 한반도, 일본을 잇는 동아시아 수역에서 새로운 조사 성과가 기대되고 그에 따라 새로운 설명이 있을 수 있다. 그러나 전 세계적으로 전개되는 해상활동의 흐름을 이해하는 데에는 큰 무리가 없다고 하겠다.

　중세의 대항해 시대 이전에 전 세계에서 확인되는 해상활동과 관련하여 고고학분야에서 대략 4~5개 수역에 대해서 상대적으로 더 많은 관심을 갖고 있다. 첫째로 들 수 있는 것이 태평양 서남부로서 이 수역에서는 구석기시대에 최초의 항해가 이루지고 원시항법으로 수백 km 이상의 바다를 현지주민이 이동한 증거가 있다. 두번째로 단순사회의 바다사람들이 고래 등을 포획하는 것으로 유명한 알류우산 열도와 북아메리카의 태평양 연안 수역이 있다. 세 번째는 인도양으로 동서양의 고대문명이 처음 해상을 통하여 교류한 수역이다. 네 번째는 지중해 수역으로 도서지역에서 초기문명이 형성되었을 뿐만 아니라, 고대에 무역과 전쟁이 가장 활발하게 전개되었으며, 다섯 번째 북유럽의 북해 주변 수역은 고대에 바이킹 등의 해상민족이 활동한 공간이다.

Ⅲ. 한반도 주변의 해양환경

우리나라에서 해상활동에 대하여 고고학적으로 연구한다고 하여 그 대상과 방법에 대해서 지금까지 체계적이고도 충분하게 논의된 바가 없다. 우선 공간적으로 연근해 부속도서를 범위에 넣는 것은 당연하지만, 연안을 벗어나 공해상 혹은 다른 나라의 수역에 대해서는 명확한 준거 틀이 없다.

우리나라 사람이 빈번하게 드나들었던 중국과 일본 사이의 황해와 동해 바다, 그리고 남해의 공해는 당연한 공간적 범위로 삼는다. 또한 한반도 사람이 바다를 건너 도달하거나 우리 해역과 내륙으로 들어오는 사람과 물자가 떠난 이웃나라의 해안과 인근 수역의 경우도 또한 연구의 대상에서 제외할 수 없다. 그렇다고 한다면 황해, 동해 그리고 남해가 이어지는 중국 동부 해안, 일본열도의 서부와 동부 해안 수역에도 관심을 가져야 함은 물론이다.

그러한 관점에서 한반도를 둘러싼 해상교류를 설명하는 데에 여러 연구자들이 제시한 남방문화론과 동아지중해론은 검토할만하다. 전자에 대해서는 일제강점기에 일본을 중심으로 한 대동아공영권과 맞물려 있다는 비판이 있고, 후자에 대해서는 한반도 주변 수역을 유럽의 지중해 개념으로 접근하기 어려울 뿐만 아니라, 지나치게 자국 중심적인 관점이라는 비판이 있다. 그러나 그동안 동아시아 지역 간의 교류를 육상 혹은 내륙 공간에 치중하고 바다 공간은 소홀히 다루었던 점을 반성해야 한다는 지적에서 동아시아 해양문화론의 관점은 크게 경청할만하다. 이러한 맥락에서 한반도 주변 해상활동의 역사를 설명할 때 한민족이 남긴 기록과 고고학적 증거만을 다룰 수 없는 것이다(그림 3).

또 다른 문제는 설혹 한반도 주변의 수역을 그 공간적 범위로 하는 데에 동의한다고 하더라도 그 수역이 플라이스토세부터 홀로

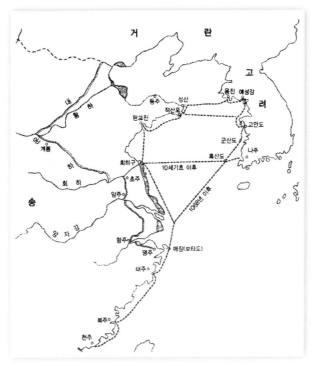

03 | 중국과 한반도 사이의 고대해상항로(정진술 2009)

세 초기에 이르기까지 지금과 크게 다르다는 점이다. 지중해와 달리 현재 수심이 100m를 넘지 않는 낮은 대륙붕 지역이므로 수심 120~140m 이하로 내려간 플라이스토 후기에는 황해와 남해는 거의 전 수역이 연륙되어 있다는 것이다. 홀로세 초기가 되면서 해수면이 상승하고 수역은 점진적으로 넓어지는 바, 일정한 잣대로 접근할 수가 없다. 물론 서해안과 남해안 일대에 많은 도서 또한 고정된 것이 아님을 주의해야 한다. 그로 인하여 구석기시대나 신석기시대 초기에 인류가 거주하고 활동하였던 곳이 지금 바다 밑으로 들어가 있음을 염두에 두어야 하는 것이다.

한편 해상은 육상과 달라서 산과 계곡, 분지 등의 지형지물과 하천 호수, 늪지 등이 복잡하게 얽혀 있지 않아 얼핏 왕래하기가 용이한 것으로 착각할 수 있다. 지형지물이 없으므로 목적지에 이르는 루트를 찾기가 쉬운 듯하여 수백 km가 넘는 장거리 항해가 중세 이전에 수월한 것으로 쉽게 상정하는 연구자들이 의외로 많다. 그러나 나침반을 갖고 있다 하더라도 공해상에서 장기간 항해하는 동안 악천후로 인한 풍랑을 만나기 십상이다. 또한 표류되었다가 귀환하는 경우가 있다고 해서 그 표류 루트를 통해서 쉽게 항해할 수 있다고 생각하는 경향이 있는데, 그것은 출항 당시 정해진 목적지와는 다른 곳에 도달한 경우인 바, 목숨을 담보하는 비정상적인 항해임에 주의하여야 한다.

연안 바다에서의 단 기간 항해에서도 빠른 물살과 암초 등으로 좌초되는 위험에 닥치는 경우가 빈번한 것이다. 특히 한반도 서해와 남해 연안 수역 경우 해안선의 굴곡이 심하고 크고 작은 섬이 많을 뿐만 아니라 바다 밑의 지형 또한 복잡하여 더욱 그러하다.

Ⅳ. 신석기시대의 해상활동

한반도 주변에서 해상활동은 언제 시작되었으며, 그 초기의 상황은 어떠할까. 지금으로부터 2만 년 전에는 황해와 남해는 물론 류큐 열도에 이르는 동중국해의 전 수역이 연륙되다시피 했다. 따라서 이 수역에서 바다 환경을 접하게 되는 것은 1만 년 전 이후로서 그 이전 구석기시대 인류의 해상활동은 원천적으로 불가능한 것이다.

빙하기 때에도 류큐 열도의 본섬 주변은 수심이 깊어 해협이 형성되어 있었다. 그러한 오키나와 본섬에 항천인(港川人)이라고 명명한 화석인골이 2만 년 전에 속하는 것이 확실하다면 그가 해상으로 이동한 최초의 인류일 가능성이 있다. 그러나 한반도 주변에서는 비슷한 시기에 대한해협 근처가 수심이 깊지만 호수를 형성하고 대부분 연륙되어 있었다. 따라서 한반도와 일본 양 지역에서 이 시기에 해당하는 유사한 형식의 좀돌날 석기가 출토하였다고 해서 당시 구석기인들이 해상으로 이동하였다고 보기 어렵다.

본격적인 해상활동은 1만 2천 년 이후 홀로세로서 지금보다 바다 폭이 훨씬 좁은 남해 수역에서 초기 신석기시대인들이 활동하였을 것으로 추정된다. 그 시기의 해안선은 지금 바다 밑에 잠겨 있어서, 오늘날 도서 해안 저지대에서 발견되는 신석기시대 유물들은 당시로 보면 내륙에 해당되므로 바다와 직접적인 관계가 없다는 점에 주의하여야 한다.

그러한 상황에서 현재 한반도 전남해안으로부터 최단 직선거리로 100km 채 안되는 제주도의 경우 서기전 8천 년 경으로 추정되는 고산리 유적이 발견됨으로써 적어도 수십 km 되는 바다를 가로 질러 온 정황을 확인할 수 있게 되었다. 지금까지 알려진 바로는 한반도 주변의 최초의 바다사람인 셈이 된다. 발견된 토기의 양식이 지금의 한반도 내에서 확인되지 않지만 황해 혹은 남해의 바다 아래에 잠긴 곳에서 건너 왔으리라고 추정되는 견해도 있다. 고고학적 증거를 통해서 중원지역과 한반도, 그리고 일본열도 사이의 바다를 통하여 왕래한 사실이 본격적으로 확인되는 것은 여러 연구자들의 주장에 따르면 지금으로부터 8~6천 년 전 이후이다. 당시 오늘날과 유사한 해안선이 형성되었는바, 그 이전의 해안가 유적은 있다 하더라도 물속에 잠겼을 가능성이 높다.

사람들의 해상 이동과 이주, 정착과 관련해서는 무엇보다도 앞서 지적하였듯이 그들이 남긴 토기의 양식, 그리고 토기 태토에 대한 산지 분석을 통해서 추적이 가능하다. 양 지역과의 해상왕래는 징검다리 섬들이 바다 가운데 있으면서 비교적 거리가 가까워 상호

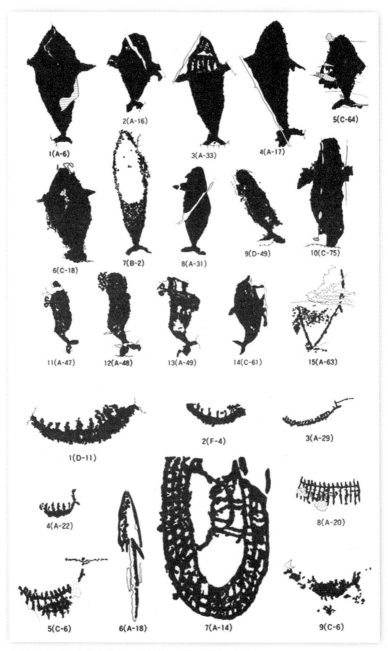

보다 접근이 용이했던 요동반도와 교동반도(膠東半島), 그리고 한반
도 동남해안과 일본 규슈지역을 중심으로 지속적으로 이루어졌다.
그동안 이에 대해서 한중일 신석기시대 연구자들의 연구성과가 있
으므로 이 장에서는 이에 대해서 중점적으로 설명할 것이다.

한편으로 신석기시대의 수상활동에 동원된 선박에 대한 실물자
료가 경남 밀양에서 최근에 확인된 바 있다. 전 세계 다른 지역은
물론 이웃 중국과 일본의 해안지역에서도 발견되었던 통나무배로
서, 그것이 먼 거리 바다에서 활용되기는 어렵지만 인류가 만든 최
초의 선박으로서 논의할 수 있는 근거를 마련해 준다.

그 절대연대를 추정하기 어렵지만 바위절벽에 선박과 고래잡이
장면을 묘사한 그림을 통해서 한반도 연안에서 이루어진 신석기시
대의 고래잡이에 대해서도 논의할 수 있다. 울산 태화강 상류의 반
구대 암각화가 바로 그것으로서, 배를 이용한 고래잡이의 암각화
는 유라시아 북부의 북극해 연안 여러 곳에서 확인되고 있어 비교
가 된다(그림 4). 또한 근대까지 현지 원주민에 의해 원시적인 선박
을 이용해서 고래를 포획하는 모습들이 알래스카 주변에서 관찰되
고 기록된 바 있으므로 더욱 참고가 된다.

V. 청동기-초기철기시대의 해상교류

청동기시대에 들어와 한반도 주변을 둘러싼 사람들의 해상이동
은 더욱 활발해진다. 그러나 이 시대에 해상활동을 직접적으로 입
증할만한 선박 실물자료 등의 고고학적 증거는 거의 없다시피 하
다. 대부분의 자료가 간접적으로 추정하는데 도움을 줄 수 있을 뿐
이다(그림 5). 그동안 해상교류나 주민이동과 관련하여 여러 연구자
들에 의해 논의된 바 있는 자료를 분류하면 고정적인 시설 유구로

05 | 고조선과 제나라 사람의 문피교역 장면
(엔타이박물관; 이청규)

서 무덤과 집자리, 운반이 가능한 유물로서 토기와 청동기, 석기 등이 있다. 그밖에 이동의 주체인 사람의 뼈 자체를 통해서도 접근할 수도 있다.

이동이 불가능한 무덤과 집자리의 동일한 형식이 각기 다른 지점에 확인되는 사실이 일정한 인구집단이 이동한 사실을 반영하는 것으로 볼 수 있다. 다른 집단이 모방하는 경우가 전혀 없는 것은 아니지만, 각각의 집단마다 동일한 구조와 형태를 따르고 있어 그를 통해서 종족 혹은 족속의 정체성을 가름하기도 한다.

유물의 경우 그 자체가 운반될 수도 있기 때문에 앞서의 유구시설과 차이가 있다. 그러므로 운반의 주체가 제작한 집단에 반드시 속하는 것은 아니다. 이 또한 지역집단마다 동일한 형식으로 제작되는 사례가 많으므로 이를 통해서 집단의 이동을 가름할 수 있다. 물자의 이동 여부는 재질의 성분에 대한 자연과학적 분석을 통해서 판단할 수 있다. 토기의 경우 태토의 광물학적 성분을 통해서 추정할 수 있다. 석기 또한 암석학적 분석을 통해서 그 산지를 추정할 수 있다. 일본 규슈지역에서 반월형석도 등에 활용된 석재가 특정 지점에서 산출되었음은 잘 알려진 사실이다. 한편으로 구리와 주석을 합금하여 만든 청동기의 경우는 납동위원소 분석방법을 통하여 산지를 추정하는 방법이 알려져 있다. 그러나 이들 모두 그 원산지에 관한 정확한 정보가 축적되지 않으므로 대략 추정하는 데에 그치고 있음에 주의하여야 한다.

인골을 통한 체질인류학적인 분석 또한 당대 사람들의 DNA 등의 분석자료가 확보되지 않아 대강 추정하는 데 그치고 있다. 특히 일본의 야요이 시대 무덤에서 발견되는 인골 등에 대해서 분석이 이루어진 사례가 있지만, 같은 시대의 한반도 사람에 대해서는 충분하게 이루어지지 않았으므로, 적극적으로 활용하기는 곤란하다.

이러한 사실을 고려하여 여러 한계가 있지만 유구, 유물에 대해서 그 형식의 상사성에 근거를 두고 해상에서 이동한 양상을 설명해야 한다. 그러기 위해서는 그 구체적인 근거가 무엇이고, 그것을 어떻게 접근해야 하는지 그 자체가 논의의 주제가 되어야 한다. 그러나 그러한 논의는 고도로 심화된 방법론과 분석기술이 동원되어야 하는 바, 실제 이에 대한 연구는 거의 이루어지지 않은 것이 현실이다.

Ⅵ. 청동거울을 통해 본 해상교류

한반도에 철기가 보급되기 시작하여 자체 생산이 이루어지는 이른 서기전 3세기에서 서기 3세기까지의 철기시대는 다시 초기철기시대와 원삼국시대로 구분된다. 서기전 3세기에는 한반도 남부에서 청동기, 서기전 1세기경에 철기가 본격적으로 제작되고, 서기 1세기경에는 그 제작기술이 크게 발전한다.

앞선 시기에 해상교류의 상당부분이 이주나 생업과 관련된 것과 달리 이 시기에 이르면 무역의 성격을 더욱 많이 띠게 된다. 그러한 해상 무역이 수백 년 간 지속적으로 이루어지면서 중국 동북지역에서 한반도를 거쳐 일본열도에 이르는 항해루트가 널리 인지

된다. 그리하여 3세기대 중국 문헌인 삼국지 위지동이전에 한반도 서북부에서 남해안을 거쳐 일본열도에 이르는 루트가 기록되기에 이르는 것이다.

이와 같은 물자유통과 교통로와 관련한 내용을 구체적으로 설명하기 위해서는 당대 해상교류에 활용되었던 유구와 유물 등의 고고학적 증거가 적극 활용될 수 있다. 그 일차적인 검토의 대상은 유통대상이 되는 금속제 위세품이 있다. 이들 재화가 어디에서 제작되고 최종 소비되었는지를 추정함으로써, 그 생산지와 소비지를 연결하는 해상교통로가 어떻게 마련되었는지를 추론할 수 있는 것이다.

청동기는 그 원료의 수급에서 제품의 생산에 이르기까지 일정한 공정과 전문기술을 필요로 한다. 그 기종은 당시 지역집단의 안전을 도모하는 전쟁 무기와 이데올로기를 통합하는 종교 의기로서, 단순한 생업수준에서 벗어나 정치·경제·종교 다방면에 걸쳐 중요한 전략적 도구인 것이다. 이 시대에 청동 야금술이 국가의 형성에 중요한 요인이라고 하는 주장이 반드시 옳다고 볼 수 없지만, 최고의 기술이 동원되어 제작된 청동 제기나 의기는 위계적인 권력과 지역집단의 존재를 말해주는 것임은 틀림없다.

그러한 맥락 때문에 이를 소유한 사람의 무덤에 청동기는 한일 양 지역의 상위층 무덤에 위세품으로 부장되기에 이른다. 그 중에서도 조잡하게 제작된 소수의 방제경을 제외하고, 청동거울은 최상급의 전문 장인이 정교하게 제작한 것으로 그 등급이 높은 위세품으로 평가된다. 동경은 다른 무기나 농공구가 대부분 철기로 대체되더라도 꾸준히 제작되는데, 특히 한일 양 지역에서 유행하는 동경은 동아시아의 역사적인 추세에 따라서 그 양식은 물론 제작 보급되는 양상이 크게 달라진다.

이 시기에 한반도와 일본 그리고 중국에 보급되는 거울은 크게

06 | 오고리 세문경과 매납용 토기(오사카야요이박물관)

세가지 종류이다. 첫째는 뒷면에 꼭지가 2~3개 달리고 기하학적 문양으로 채운 다뉴경으로 대부분 한반도에서 제작된 것이다(그림 6). 둘째는 꼭지가 한가운데 1개 달리고 문자나 신선이나 동물을 묘사한 단뉴경으로 주로 중국현지에서 제작된 것이다. 제작시기와 왕조에 따라서 전한경과 후한경으로 구분할 수 있다. 세 번째는 한식경을 모방한 것으로 이체자문경을 본을 삼되 그 글자를 제대로 표현하지 못하는 방제경인 것이다.

그러한 청동거울의 변화는 크게 세 단계로 나누어 살펴 볼 수 있다. 1단계는 서기전 2세기 이전으로서 한반도에서 다뉴경이 제작되고 일본에서 이를 수입하는 단계이다. 2단계는 서기전 1세기대로서 세문경은 더 이상 제작되지 않는 대신 중국에서 제작되는 한식경이 한일 양지역에 보급되는 단계이다. 그리고 3단계는 중국에서 제작되는 거울이 한일 양지역에 보급되지만, 그동안 동경을 생산하지 못했던 일본에서도 한식경을 본 따 거울이 제작되는 단계이다. 이러한 동경의 제작보급과정은 당시 한일 양국 사회의 여러 부면에서의 변화를 반영하고 있다.

역사기록을 보면 1단계에 위만조선이 국가 체제를 갖추고 한중

과의 교역 거점으로서 기능하다가, 2단계에 위만조선이 붕괴하고
한군현이 설치되어 그역할을 대신하게 된다. 3단계에 들어서서는
전한이 붕괴되고 신의 왕망 그리고 후한이 들어서면서 군현체제에
변화가 있게 된다. 그에 따라서 중국 동해안에서 한반도 서해안과
남해안을 거쳐 일본 규슈와 긴키 지역으로 이어지는 해상루트 상에
서의 무역활동에도 변화를 겪게 된다.

동경은 소형 위세품으로서 다른 일반적인 화물과 유통루트나
방법에서 큰 차이가 있다. 부피가 크거나 많은 양의 화물을 실어
나를 경우는 선박을 활용하는 것이 유리하겠지만 청동거울의 유통
은 그렇지 않은 것이다. 그 유통과정은 일정 신분과 권리를 갖춘
사람이 직접 휴대하고 운반할 것인데, 출발지로부터 목적지까지는
교통 환경에 따라서 육상과 해상루트를 두루 거쳤을 것이다.

Ⅶ. 삼국시대의 해상교류

국가의 형성과 발전을 설명함에 전쟁이나 종교에 중점을 두는
경우도 있지만 영국 고고학자 콜린 렌프류(Colin Renfrew)는 무역을
통해서 국가의 발전을 설명한 바 있다. 그가 근거로 제시한 것은
지중해 일대의 정치체 간에 이루어진 해상활동으로 무역을 통해서
얻는 이익을 기반으로 국가의 권력이 증대하고, 그 무역항이 도시
국가로 발전한다는 것이다. 세계 각 지역이 모두 동일하다고 할 수
없지만 국가의 성장이 무역을 통한 교류와 상호 맞물려 있음은 분
명하다 하겠다.

중국동북 지역과 한반도에 고대국가 또는 그에 버금가는 정치
체로 발전한 고구려와 부여, 신라, 백제, 가야 그리고 마한 등은 그
대부분 해안을 끼고 있고 바다로 진출할 수 있는 여건을 갖추었다.

그중에서 황해를 통해서 중국, 남해를 통해서 일본과 해상을 통한
대외교류가 활발하게 전개된다. 삼국을 통합한 이후 신라와 북쪽
의 발해 또한 각각 바다를 끼고 있음은 잘 알려진 사실이다. 그중
에서 신라는 3면의 해안을 장악하여 주변국가와의 해상교류를 활
발하게 수행한다. 발해는 다만 동해안을 사이에 두고 일본을 상대
로 한 해상교류가 있었음이 기록으로 전한다.

중국의 경우 한 왕조 때 바다 넘어 서북한에 군현을 설치하면서,
한반도와의 해상 왕래를 활발하게 수행한다. 삼국시대를 지나 남
북조시대, 더 나아가 수 당에 이르러 제국을 건설하면서 잘 알려지
다시피 신라와 동맹하여 고구려, 백제에 대해 대규모 선단을 이끌
고 공격하는 등 보다 적극적으로 한반도에 대한 해상활동을 전개한
다. 일본 또한 적극적으로 해상을 통한 대외 교류를 도모하고자 고
대국가로의 성장기반을 구축한다. 한반도와 마주하는 일본 규슈지
역은 이미 앞선 단계부터 해상활동이 있었으며, 이제 왜 혹은 일본
이 세토나이 내해를 끼고 있는 긴키지역에 국가의 중심 혹은 왕경
이 들어서면서 이 지역에서부터의 원거리 항해가 활발하게 전개되
는 것이다.

그러한 정황 속에서 세 영역에서는 기록에 보이는 교류의 실상
을 보다 구체적으로 논의할 수 있는 고고학 자료가 다종 다양하게
확인된다. 그중에 대표적인 것이 도기와 자기, 청동기, 철기, 금공
예품, 옥기 등의 수공업 제품이다. 물론 다른 물자들도 유통이 되
었지만, 후대에 잔존하여 전하는 것은 주로 이들 제품일 수 밖에 없
다. 동 제품들은 실생활 용기로서 활용되는 사례도 있지만, 위세품
으로서 전달되기도 한다. 유사한 형식의 유물이라 하더라도 그 원
산지를 확인하려면 성분 분석이 필요하지만 육안적 관찰을 통해서
도 그 여부를 판단할 수도 있다.

한편 사람이 왕래한 또 다른 고고학적 증거로서 무덤이 있다. 무덤은 앞서 선사시대도 그러하지만 집단마다 고유한 양식이 있다. 가령 한반도에서 중원대륙 혹은 일본열도에서 성행한 양식의 무덤이 확인되었다면 이 또한 동 지역으로부터의 인구 이동을 방증하는 것이 되겠다. 물론 인구 이동 없이 다른 지역의 무덤을 모방할 수도 있고, 무덤에 필요한 자재를 수입할 수도 있다. 그러할 경우 해상을 통해서 이동한 것은 묻힌 사람이 아니라, 그 자재를 수입한 사람이다. 두말할 것도 없이 무덤의 주인공 자체가 건너왔을 가능성도 충분하다. 고대에 사람이 죽었을 경우 자기 고향으로 돌아가 묻히는 귀장제가 보급되었다고 하지만, 먼거리 그리고 바다를 건너야 하는 거리인 경우 특별한 신분의 사람을 제외하면 물리적으로 불가능할 수 있는 것이다.

이들 외래적인 증거를 통해서 해상이동을 설명함에 있어 물자나 사람이 어떠한 경로를 통하여 어떠한 선박으로, 그리고 누가 배를 항해하였는지를 직접적으로 확인할 수 없다. 삼국시대와 남북국시대에 이르면 문헌기록에서는 당시 해상활동을 확인할 수 있는 정황이 적지 않게 전한다. 그러나 앞서의 구체적인 해상활동에 대해서는 보다 정교한 논의가 필요한 바, 그와 관련된 물적 증거를 체계적으로 수집 정리하고 해석하는 작업에 고고학이 보다 집중해야 할 당위성이 있다.

해상활동의 시작과 끝은 육지에서 이루어지며, 그 육지의 지점이 연안 포구이다. 포구의 정확한 위치와 구체적인 구조에 대해서는 고고학 발굴조사를 통해서 밝힐 수 밖에 없다. 일본의 경우 서기 전후한 시기의 항만시설이 이키 섬 등에서 조사된 바 있지만, 한반도 연안에서는 삼국시대 이후의 사례가 최근에 알려졌을 뿐이다. 그 대표적인 유적이 금관가야의 중심지가 있던 김해 봉황대와

관동리 유적이다. 또한 항해상의 거점 근처에는 항해 안전을 서기
하는 제사유적이 있어 발굴된 바 있다. 한반도에서는 백제 왕경에
서 금강을 따라 가다가 서해로 나아가는 거점의 죽막동 유적, 그리
고 한반도 남해의 쓰시마를 넘어 일본 북규슈로 가는 도중의 오키
섬 유적이 널리 알려져 있다(그림 7).

07 | 오키노시마제사유적 2,4단계 유물 매납
(일본국립역사민속박물관 전시)

VIII. 삼국시대의 배모양 토기

육상에서는 교통수단 없이 걸어다닐 수 있지만 바다나 강으로 다닐 때 배는 필수적이다. 인류가 물길에 눈을 돌리기 시작한 것은 언제부터인지 확실하지 않지만, 그 상한은 구석기시대 후기이다.

조선시대 이후에는 배의 그림은 물론 제작 방법에 대해서도 기록으로 전하고 있다. 그러나 그 이전 고대의 배의 구조를 제대로 설명하는 기록은 미흡하여, 실물자료를 찾거나, 실물을 그린 그림, 혹은 그것을 본 딴 조형물을 찾아야 한다.

우리나라에서 물속에 남겨진 적지 않은 중세 선박 실물이 고고학조사를 통해서 확보된 바 있다. 1970년대 초에 서해안 신안 앞바다의 중국 원나라 무역선의 발굴조사를 시작해서 최근에 이르기까지 20여 건이 확보되었는데, 모두 12~14세기 고려 이후의 배로서 고대 선박 실물은 드물다. 가장 최근에 비로소 신석기시대 이른 단계의 배 실물자료가 늪지에서 발굴 조사되는 정도이었다.

실물자료가 전혀 전하지 않는 삼국시대에는 당시 배 모양을 본 따 만든 명기가 다수 전하고 있어 그 공백을 메꾸어 주고 있다. 그 대부분은 출토상황이 알려지지 않은 것이어서 그 진위여부는 물론 시기와 지역이 정확하지 않은 문제가 있지만, 유사한 유물이 발굴조사를 통해 확인된 사례가 있어 그 자료의 신뢰도와 가치를 일정 수준에서 판단할 수 있게 되었다. 이를 통하여 그 대부분이 가야 신라가 자리했던 영남지역을 중심으로 4세기 후반에서 6세기 전반에 걸쳐 제작되고 무덤에 부장된 것임이 확인되고 있다(그림 8).

이 시기에 신라는 형산강 중류의 경주를 중심으로 체제를 발전시켜 나가면서 서쪽으로 낙동강 중류의 대구, 창녕, 그리고 하류의 양산과 그 주변의 세력들에 대해서 그 영향력을 강화시켜나가면서 고대 국가체제를 발전시킨다. 가야의 경우 낙동강 하구의 해안에

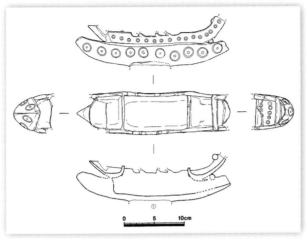

08 | 달성 평촌리 배모양 토기(경상북도문화재연구원 2011)

위치하면서 해상교류의 거점 역할을 한 김해를 비롯해서 해안 서쪽의 함안, 강 중류의 고령 등의 정치체가 성장하면서 고대국가 체제로 진입하기 직전의 연맹왕국의 모습을 보여준다.

주의해야 하는 것은 백제와 마한의 고분에서는 배모양 토기가 부장된 사례가 없다는 사실이다. 이들 국가는 황해를 사이에 두고 중국과 마주하는 서해안에 위치하여 해상활동은 물론, 한강, 금강, 영산강을 통한 수상 활동이 활발하였음은 두말할 것도 없다. 특히 백제의 경우 동진을 비롯해서 양나라 등 중국과는 물론, 일본 왜와도 바다를 통해 상호 교류가 활발하였음은 잘 알려진 사실이다. 따라서 배모양 토기가 전하지 않은 것은 전적으로 장송의례 혹은 다른 제사와 관련된 문제로서, 사례가 없다고 하여 선박의 제작과 보급이 제대로 이루어지지 않았다고 설명할 수 없는 것은 물론이다.

고분에 배모양의 토제품을 부장하는 풍습은 우리나라 뿐만 아니라, 고대 중국과 일본에도 사례가 있다. 중국의 경우 서기전후한한 대, 그리고 일본은 우리나라와 비슷한 시기인 5~6세기 경의 고분시대에 다수 전한다. 이들 사례와 비교함으로써 당시 고대에 동아시아의 한반도 주변의 해상을 운항하였던 고대선의 구조를 제대로 이해할 수 있는 것이다.

한편 깊은 바다를 운항하는 배와 연안 바다 혹은 강을 오가는 배는 상호 그 구조와 규모의 차이가 있음을 주목할 필요가 있다. 강이나 연안 바다의 경우 깊지 않아 바닥이 평편한 것이 유리하다. 바다의 경우 풍랑이 심할 경우를 대비해야 하므로, 파랑을 막아낼 구조가 필요하다. 또한 그 거리가 멀어 항해에 며칠씩 소요되며, 탄 사람의 숫자도 많은 것이 일반적이다. 따라서 배의 속도를 높힐 수 있고 여러 사람이 노를 젓는 구조를 갖추어야 하고 바람을 이용한 돛을 달았음은 물론이다.

배모양 토기 중에는 닻을 단 선박의 사례가 거의 확인되지 않는다. 그렇다고 하여 동 시기에 범선이 없었다고 볼 수 없다. 이 시기로 편년되는 암각화 등의 그림에서는 범선의 사례를 비롯한 여러 정황으로 보아 범선이 제작 보급되었을 가능성이 있음을 주의하여야 한다.

IX. 중세의 난파선과 해상무역

중세 이전의 선박 실물이 발굴되기 이루어지기 위해서는 몇가지 여건이 충족되어야 한다. 당연한 이야기이지만 무엇보다도 보존될만한 자연적 조건을 갖추어야 되는 바, 밀폐되면서 변화가 없는 물속이나 갯펄이 바로 그러하다. 실제로 우리나라나 중국의 경우 그러한 환경 속에서 대부분의 선박이 발견되는 것이다. 아이러니칼하게도 그것은 당대의 사람들이 안전하게 보존 관리하였기 때문이 아니라, 오히려 뜻하지 않은 재해, 풍랑이나 홍수를 만나 침몰

하거나 묻혔기 때문이다. 사람이 안전하게 관리하고자 하여 육상
으로 끌어낸 배는 오랜 세월이 흐르는 동안 썩거나 풍화되어 없어
지기 마련이다.

보존이 잘 되어 있다 하더라도 그 존재가 확인되지 않으면 알려
지지 않는다. 밀폐된 바다나 갯펄은 육상과 달라서 당연히 사람의
육안에 쉽게 눈에 뜨이지 않기 마련이며, 우연히 어로작업을 하는
주민들에 의해 처음 발견되는 경우가 대부분이다. 그렇게 발견되
었다 하더라도 난파선의 구조는 물론이거니와 도자기 등 선적된 화
물과 관련된 정보를 얻기 위해서는 전문 연구인력과 장비가 동원되
어야 한다. 잘 알려진 것처럼 수중발굴은 육상과 달라서 잠수에 필
요한 기본 장비는 물론 유물 노출, 사진촬영과 실측 등에 특수한 장
비가 갖추어지지 않으면 않된다. 그뿐만 아니라 육상으로 인양하
여 공기 중에 노출될 경우 목제 유물과 금속유물은 심각하게 변형
되거나 부식되므로 이를 방지하기 위한 첨단 보존기기와 기술이 또
한 필요한 것이다.

이러한 여러 이유로 고고학 분야 중에서도 해저 난파선을 대
상으로 한 수중 고고학은 전세계적으로 최근에야 발전한 것으로
1900년대 중반에 유럽을 중심으로 본격적으로 수행되었던 것이
다. 우리나라에서는 1970년대 말 목포 신안 난파선의 발견으로부
터 시작해서 서해 연안을 따라서 적지 않은 난파선 유적이 확인되
었다. 나아가 이를 전담할 기관의 필요성이 제기되면서 1984년 국
립해양문화재연구소가 발족되기에 이른다.

지금까지 우리나라에서 본격적으로 조사된 난파선 유적의 대부
분은 서해 연안에서 확인되었으며 그것도 거의 전부가 고려시대에
속하는 것이다. 바다를 통해서 배에 싣고 물자가 이동되는 것은 신
석기시대까지 소급되지만, 지속적이고도 대규모로 이루어지는 본
격적인 해상물류활동은 통일신라시대 이후인 것으로 이해된다.

중국과 일본 등의 다른 국가로의 견당사, 견일본사를 파견하는 등의 공무역, 장보고가 주도하는 사무역 등의 활동을 통해서 이루어진 사례가 그 대표적인 사례이다. 이들 무역 혹은 물자이동은 공해상에서 이루어지는 것으로, 해안선 연안을 따라 이루어지는 연안이동은 기록에 분명하게 확인되지 않는다. 더군다나 그 구체적인 실상을 알 수 있는 선박이나 화물에 대한 실물 자료는 아직 제대로 확인되지 않고 있다.

고려시대에 들어오면 공해상은 물론 연근해상에서 이루어지는 물자 이동도 기록에 알려진다. 이른바 조운제도가 그것으로 13개의 조창과 그에 속하는 화물선의의 크기와 숫자가 파악되고 있다.

그렇지만, 배의 구조나 배에 선적했던 화물에 대해서 고고학조사로써 확보된 실물자료를 통해서 설명할 수 밖에 없는데, 그 주제는 크게 세 가지로 나누어 볼 수 있다. 우선 난파된 배의 위치를 확인하고, 배에 선적된 화물과

09 | 마도 2호선 출토 청자매병
(국립해양문화재연구소 2011)

관련된 기록을 통해서 무역 루트를 추정할 수 있다. 무역 루트는 공해상을 넘나드는 원거리 무역과 연안 루트를 이용한 근거리 연안 무역으로 구분된다. 다음 난파된 배 자체를 통해 배의 구조를 살필 수 있다. 고려시대 배에 대해서는 단편적으로 기록으로 전할 뿐으로 그 실상을 거의 알 수 없다. 다행히 난파선을 통해서 비록 일부이기는 하지만, 그 구조를 밝힐 수 있으며, 그 연대를 알 수 있는 자료를 통해서 그 제작연도도 추정이 가능하다. 세 번째로는 배로 운반하는 물자가 무엇인지, 남아 있는 실물자료를 통해서 확인이 가능한 것이다. 물론 오랜 세월동안 바다 속에서 썩거나 분해되어서 남아 있지 않는 화물도 많지만 도자기나 금속유물은 상당수가 남아 전한다. 최근에는 도자기에 명문패찰이 함께 출토되어 없어진 내용물이 무엇인지 알 수 있는 사례가 있다(그림 9).

X. 제주도와 울릉도의 고대해상왕국

한반도를 둘러싼 바다의 근거리 혹은 원거리에 다수의 도서가 분포하는데, 그 관계적 위치에 따라서 본토에 부속된 도서, 공해상에 고립된 도서로 구분할 수 있다. 후자의 경우 일정 크기 이상의 면적을 갖추어 상당수의 인구가 정주하여 국가에 버금가는 독립된 정치체를 이루어가는 해상도서왕국이 있다. 그러한 사례로서 대표적인 예가 제주도의 탐라국, 울릉도의 우산국이 있어 고대문헌기록에 그 존재가 전한다. 이들 해상의 소국은 자체 인구집단을 부양하고 운용하는데 필요한 자원과 시설을 섬 내의 자원을 개발 획득하기도 하지만, 절대적으로 바다를 통해서 외부에서 들여와야 된다.

물론 우산국을 설명하는 데 필요한 문헌기록이 탐라국보다 적을 뿐만 아니라, 그를 대신하거나 보완해줄만한 고고학 조사의 성과 또한 훨씬 후자에 못 미친다. 20세기 초 일본강점시기에 도리이 류우죠가 두 섬을 조사하고 동시에 보고문을 낸 이래, 우리 한국인 연구자의 손에 의해 실시한 전문적인 고고학 조사는 울릉도가 앞섰다.

   그 이후 제주도에서 지속적으로 조사가 이루어진 반면, 울릉도에서는 그렇지 못하여, 이제는 제주도의 조사성과를 적극 참고하여 울릉도의 사정을 설명하지 않으면 안되는 지경에 이르렀다(그림 10). 특히 문헌기록으로 미루어보면 울릉도에 주민이 존재한 것으로 판단되는 6세기 이전의 원시 고대 단계에 고고학자료가 제대로 확인되지 않아 더욱 제주도의 고고학적 성과를 참고할 필요가 있다. 서로 다른 지역의 고고학적 조사성과를 비교하는 것은 상호 자료가 충분하지 않아 보완하기 위한 목적에서도 그러하지만, 각 지역

10 | 용담동 제사유적

의 역사문화적 성격을 제대로 이해하기 위해서도 필요한 작업이다.

두 섬의 고대의 역사문화에 대한 설명은 주로 외부와의 관계에 초점이 맞추어져 있어 왔다. 고고학적 물질문화의 경우도 외부로부터 유입되어 들어 왔거나 그 영향을 받아 만들어진 것이라는 관점에서 주로 설명되어 왔다. 울릉도의 경우 6세기 이후 신라의 필요에 의해 육지로부터 인구 이주가 있었고 물자가 공급되었다는 설명이 그러하다.

그러나 울릉도나 제주도 섬의 주민이나 지역집단의 관점에서 한반도와의 관계를 바라볼 수도 있고, 자체 내재적인 동인에 의해서 조성되는 사회와 문화의 요소가 있음을 주의할 필요가 있다.

XI. 오키나와의 주변관계의 교류

류큐 열도는 한반도와 중국 그리고 일본열도가 접하고 있는 동중국해의 남쪽에 동북에서 서남방향으로 길게 뻗어 경계를 이루고 있다. 제주도가 한반도 본토의 주변도서인 것과 마찬가지로 일본열도의 주변도서라는 점에서 본토와의 해상교류의 관점에서 상호 비교될만하다.

그러한 지리적 위치 때문에 해상을 통하여 일본열도 뿐만 아니라 서쪽으로 대만을 거쳐 중국 남부지역과의 교류가 일찍부터 이루어진다. 더 나아가 중국 왕조에 조공을 하는 등의 외교적인 활동이 문헌기록을 통해서 잘 알려져 있으며, 그와 관련하여 이루어진 무역을 뒷받침하는 고고학적 증거가 많이 전한다.

한편 다소 먼 거리이지만 바다를 통하여 북쪽으로 건너갈 수 있는 제주도와 한반도와도 교류가 있었음이 여러 연구자들에 의해 지적되기도 한다. 조선시대의 단순한 표류와 공식적인 사신 외교 이

외에 고려시대의 삼별초 일부 세력이 여몽연합군에 몰려 류큐로 망명하였다는 주장이 최근에 고려명 기와 등의 고고학적 증거를 통해서 제기되기도 한다.

11 | 슈리성의 성곽(이청규)

이러한 주변지역과의 해상교류를 이해하기 위해서는 당연한 지적이지만, 류큐열도 자체의 지리적 환경은 물론 사회문화적 변천과정을 제대로 이해하여야 함은 물론이다. 앞서 우리나라의 제주도처럼 독립된 정치체를 이룬 데에서 한걸음 더 나아가 통일왕국으로 발전하였다(그림 11).

류큐열도에서의 고고학적 문화에 대한 이해를 돕기 위하여 제주도와 관련짓거나 비교하여 설명는 것이 필요하다. 무엇보다도 류큐열도, 제주도 양 지역이 본토와 일정 거리 이상 떨어진 도서지방이기 때문에 본토와의 문화 교류가 제대로 이루어지지 않아, 통시적인 문화변천과정이 본토와 차이가 있다는 점에서 공통된다는 사실이 주목된다.

제주도 선사·고대문화의 편년체계를 무리하게 한반도에 맞추려고 하면 오히려 제주도 문화의 변천과정을 제대로 이해하는데 장애가 된다. 지리적 여건과 도서성을 보아 류큐도 일본 본토와 차이가 나는 것이 당연하다.

아울러서 두 섬 지방을 비교함에 먼저 알아두어야 할 것은 지리적 위치와 환경이 서로 다르다는 점이다. 무엇보다 류큐는 1,000km 넘는 길이로 이어지는 열도로 구성되어 있는 점에서 제주도와 차이가 난다. 그리하여 거의 단일문화권을 형성하고 있는 제주도와 달리 류큐는 자체내 세분된 문화권을 가질 수 밖에 없으며, 이 점 또한 양 지역을 직접 비교하기 전에 살펴 볼 문제이다.

XII. 맺음말

앞서 기술한 한국의 해상활동에 대한 고고학적 연구와 관련하여 중요한 내용을 다시 한번 정리하면 다음과 같다.

　우선 근대 이전의 해상활동 각론에 들어가기에 앞서 그 무대인 한반도를 둘러싼 해양환경을 제대로 이해하는 것이 중요하다. 우리와 다른 문화권인 중국 대륙, 일본열도와의 원거리 항해를 이해하는데 필요한 지리적 환경을 살필 필요가 있다. 또한 선사시대의 경우 구석기시대는 플라이스토세로서 지금보다 훨씬 추워 해수면이 지금보다 100m 이하로 내려가 3면의 바다 상당 부분이 육지일 경우가 있는 등 지금과 해양환경이 전혀 달라 이를 무대로 한 인간의 활동 또한 다를 수 밖에 없음을 이해하여야 한다.

　원시적인 항해기술로서 장거리 항해가 이루어진 남서태평양 지역, 몬순 계절풍을 이용한 해상무역이 일찍이 이루어진 인도양, 많은 섬들이 가시거리(可視距離) 안에 있으면서 문명사회를 이룩한 에게해, 고대 해상민족들의 활동으로 널리 알려진 북유럽해 등등, 각기 다른 곳의 해양환경을 제대로 숙지할 때, 한반도를 둘러싼 해상활동을 제대로 파악할 수 있는 것이다.

　한반도와 그 주변을 둘러싸고 이루어진 해상활동에 대해서 설명할 수 있는 주제에 대해서 고고학적 맥락에서 정리하면 크게 식량자원을 획득하는 어로경제, 외래 물자와 기술 정보의 유통, 교통수단으로서 선박의 제작과 구조, 그리고 바다로 둘러싸인 도서지역의 사회 등으로 나누어 볼 수 있다.

　우선 어로경제 활동에 관련해서는 우리나라에서는 어로도구, 식량자원에 대한 연구가 기본을 이룬다. 후자는 대개의 경우 해안도서 지역에 형성된 패총의 발굴을 통해서 획득된 동물자원의 동정(同正)에 대한 연구가 기초를 이룬다. 어로활동은 바다에 서식하는 생물을 획득하는 작업으로서 해수(海獸)나 대형 어족일 경우와 소형의 어류일 경우 동원되는 기술은 각기 다르다. 무엇보다도 도구가 다를 것이며, 이에 대해서 고고학적인 조사를 통해서 쉽게 접근될 수 있다.

그러한 어로활동은 오늘날에 이르기까지 그 기술이 지속 발전하여 왔는데, 지금까지 고고학 자료를 통해서 보다 중점 두어 설명하는 것은 그 초기 단계인 신석기시대이다. 동 시대에 농경을 통해서 획득되는 식량자원이 많지 않고 상당부분 어로자원에 의존하기 때문이다. 앞서도 지적하였다시피 이에 대해서는 생물유체와 어로도구를 통해서 설명되고 있지만, 울산 반구대의 사례로 대표되듯이 고래 등의 해양서식 동물과 이를 포획하는 데에 동원되는 선박 등이 표현된 암각화를 통해서도 접근될 수 있는 것이다.

한반도와 부속도서의 원시고대 주민의 해상이동은 크게 그 이동거리에 따라서 근거리와 원거리 등으로 나누어 볼 수 있다. 대체로 절대적 거리를 따져서 구분할 수도 있지만, 한편으로는 해상루트 상에서 출발지와 목적지 또는 경유지가 육안으로 관찰되는지 혹은 징검다리가 있는지 여부가 또한 중요한 기준일 수도 있겠다. 단순히 거리로 따질 경우 대체로 50~60km가 그 경계가 될 수 있는데, 그것은 한낮에 이동할 수 있는 최대거리인 것이다. 여하튼 절대거리를 기준으로 할 경우 원거리는 서해를 통한 중원지역, 동해를 통한 울릉도, 남해를 통한 제주도와 오키나와, 그리고 대한해협을 통한 일본 규슈지역과의 교류를 들 수 있다. 근거리는 물론 한반도 근해의 해안 또는 도서간의 교류가 해당된다.

이처럼 이동거리와 관련해서 설명할 경우 무엇보다 중요한 것은 지금으로부터 6천 년 이전 신석기시대 초기 혹은 구석기시대의 해상 환경에 대한 이해이다. 잘 알려지다시피 이 시대는 플라이스토세 후기와 홀로세 초기로서 추운 기후에 빙하가 발달하거나 해빙하기 시작하는 무렵으로 해수면이 지금보다 낮아 해상거리가 훨씬 좁거나 연륙(連陸)되어 있는 경우가 많다. 따라서 당대 해상거리가 지금보다 짧은 사실에 주의해야 한다.

해상이동을 살피기 위해서는 출발지와 도착지에서 발견되는 상호 유사한 유물을 살피는 것이 그 토대가 된다. 신석기시대의 경우 석기와 토기가 그 증거로 제시되지만, 청동기시대 이후에는 금속유물이 제시되기도 한다. 이들 유물은 원산지, 제작지가 소비지와 각각 다를 수도 있는데, 후자의 경우 더욱 그러하다. 구 신석기시대의 경우 특히 흑요석과 관련해서 세계 전 지역에서 그 원산지를 추적하여 동 시기부터 해상이동의 증거로 삼는 경우가 많은데 우리나라도 마찬가지이다.

고대 이후가 되면 그러한 해상이동과 관련된 제품으로서 특히 주목되는 것은 그 제작기술의 특이성과 난이도 때문에 제작지가 비교적 명확하게 알려진 도자기이다. 특히 중세에 이르면 대규모로 선적하고, 그에 담긴 내용물로서 받는 사람의 이름과 연대가 적힌 명문(銘文) 자료가 함께 발견되는 경우가 적지 않아, 그 유통과 관련한 도자무역 연구에 많은 정보를 제공하고 있다. 또한 선사시대와 달라서 그 구체적인 내용이 문헌기록을 통하여 설명될 수 있다.

한편 주민의 이주와 정착이 이루어지는 경우 그들의 주거가옥이나 무덤 양식을 통해서 간접적으로 설명할 수 있는 사례도 있다. 그것은 주거와 무덤의 양식이 일정집단마다 전통적으로 유지된다는 사실에 근거한다. 단순 모방의 사례도 전혀 없지 않음을 주의해야 하는 바, 백제의 무령왕릉의 무덤양식이 그 대표적인 사례라 하겠다.

항해를 함에 필요한 수단은 두말할 것도 없이 선박이다. 선박에 대해서 고고학적으로 발굴조사되어 그 실물이 알려진 가장 많은 사례는 한반도 주변 해역에서 발굴조사된 13~14세기의 고려시대 난파선이다. 이 자료를 통하여 연안항로를 따라 운행한 내국 교역선과 중국과 일본을 왕래한 외국 무역선의 실체를 제대로 파악할 수 있게 되었다. 우리나라에서 바다 속의 난파선을 조사하는 이른바 수중고고학의 발굴 성과는 적지 않게 축적되어 있다. 이에 대해서

다 아는 바처럼 〈국립해양문화재연구소〉가 주도하고 있다.

해양선박 실물자료로서 최근에 신석기시대의 통나무배 사례가 전한다. 청동기시대부터 역사시대 초기에 이르는 고대의 선박이 발굴된 사례는 전세계적으로 적지 않으며, 이웃 중국과 일본에서도 다수의 사례가 있다. 그러나 삼국시대에 들어서서는 당시 실물을 모방한 토제품(土製品)이 적지 않게 출토된 바 있어 이를 통하여 간접적으로나마 당시의 선박 모양을 파악할 수 있다. 또한 중국과 일본에서도 고대의 토제 모형품의 사례가 다수 출토하여, 상호 비교가 가능하다.

풍력을 이용한 범선의 등장은 전 세계적으로 해상이동 수단의 혁신으로 평가된다. 우리나라에서 다수가 발굴된 12~14세기의 난파선도 그 대부분이 범선으로서 세부적인 배의 구조는 선박의 용도와 해상지리의 환경에 따라 다른 바, 실물 사례를 중심으로 그 구조를 살펴보고자 한다. 선박의 항해와 관련해서 중요한 고고학적 시설 유구(遺構)는 당대 포구 시설과 제사 유적이다. 최근에 삼국시대와 통일신라시대에 해당하는 사례가 서해안과 제주도 등지에서 발굴조사된 바 있다. 가까운 일본에서는 한반도로 이어지는 해상 루트 한 가운데에 오키노시마(沖ノ島) 섬이 있다.

해양에 둘러싸여 해상의 교류와 활동이 지역문화와 사회의 발전에 직접적으로 연결되는 도서지역의 관계적 위치, 그 크기와 자연환경 등과 주민들과의 관계에 대한 학제간의 연구가 서구에서는 활발하다. 단순공동체로부터 문명국가에 이르기까지 다양한 도서 사회의 대외 교류활동과 사회적 관계의 설명이 고고학적 증거를 통해서 다양하게 이루어지고 있다. 지중해의 크레타 섬이나 사이프러스와 같은 문명 중심지역 도서, 남서태평양의 통가나 하와이에서 확인되는 수장사회단계의 도서, 알류산열도 근처의 해상동물의 포획을 통해서 꾸려나가는 단순사회의 도서 등 각기 다른 입지와 규모의 도서사회에 대한 설명이 바로 그것이다.

한반도에서는 해안에 인접하고 신석기시대부터 일정규모 이상의 인구집단이 거주한 도서가 많이 있지만, 고고학적으로 체계적인 설명이 제대로 이루어지고 있지 않음은 다 아는 사실이다. 그러한 맥락에서 고대사회에 소국 수준의 형성과 발전을 고고학적으로 살펴 볼 수 있는 지역이 울릉도와 제주도인 것이다. 두 섬은 그 입지상 해상루트의 중간지점으로서 기능을 하고 있지 못하다. 얼핏 보면 전자는 동해의 한가운데 후자는 동중국해상의 한가운데에 있어 교역거점으로서 기능할 것처럼 이해되지만, 그러나 인접하거나 중계하는 대륙과의 지리적 관계가 그러한 역할을 하기가 어렵다. 이와는 대조적으로 인접한 해상에 있으면서 해상루트의 한가운데에 징검다리 역할을 도서로서 오키나와가 있다.

해양문화의 보고, 제주바다

바다에서 도래한
신들의 이야기, 제주신화

김순이
(제주해녀문화전승보존위원)

바다에서 도래한
신들의 이야기, 제주신화

I. 쿠로시오에 실려 온 신들

　제주바다를 흐르는 해류(海流) 중에 쿠로시오[黑潮]가 있다. 이 해류의 특징은 염분이 많고 물빛이 매우 검푸르다는 점이다. 그래서 흑조라는 명칭이 붙었겠으나 또 하나의 중요한 특징은 생명력의 왕성한 물결이라는 점이다. 수많은 바다생물의 서식에 필요한 먹이플랑크톤이 풍부하게 함유된 것은 물론이고 식물의 씨앗들을 물결에 실어 해안가에 표착시키고 있다.

　쿠로시오 물결을 타고 제주도의 해안가에 표착한 식물의 자생지 중 대표적인 곳으로 성산읍 오조리의 황근 자생지, 한림읍 월령리의 선인장 자생지, 구좌읍 토끼섬의 문주란 자생지 등이 있다. 이곳들은 모두 천연기념물로 지정되어 보호되고 있다.

　쿠로시오의 검푸른 물결은 제주섬에 식물만 데려온 것일까? 그

01 | 오조리 해안의 황근.
　이 꽃이 필 무렵 제주는 장마철에 접어든다.

렇지 않다. 사람들도 데려왔다. 그들은 제주에 정착하였고 더러는 신들의 지위를 획득했다. 쿠로시오의 거친 물결은 여신들을 실어 왔다. 삼성신화의 벽랑국 삼공주가 왔고, 제주도 무속신의 종가집 이라 할 수 있는 송당의 여신 금백주가 왔다. 공교롭게도 같은 이름을 가진 또 다른 금백주가 구좌읍 세화리 본향당신으로 좌정하고 있다. 풍요와 장수의 상징인 칠성아기씨도 저 머나먼 강남천자국 에서 바다를 건너 제주로 들어왔다. 전라도 나주 금성산의 토주관 도 금바둑알 은바둑알로 변신하여 제주로 들어와 토산에 정착하 였다.

쿠로시오는 남신(男神)들도 실어왔다. 서울 정승의 아들이었으 나 불치병에 걸린 아버지 목숨을 살리기 위해 백정노릇을 했기에 제주로 피신해온 '황서국서어모장군'은 성산읍 삼달리 본향당신이 되었다. 천하를 뒤엎을 만한 역발산기개세를 가졌으나 그의 무서 운 힘은 도리어 역적의 의심을 받고 경계의 대상이 되자 제주로 도 망쳐온 '금상'도 있다.

이렇듯 제주신화 속에는 적잖은 여신과 남신들이 바다에서 도 래하여 정착하고 신앙의 대상이 되고 있다. 이 글에서는 그들 모두 를 대상으로 할 수 없기에 제주여성이 가진 강인한 기질의 원형질 에 가깝다고 필자가 여기는 여신들을 소개하려고 한다. 제주섬에 농경시대를 열어 탐라개국의 기초를 놓았다는 벽랑국 삼공주, 그리 고 송당에서 메밀농사를 시작했다는 금백주 여신이 그들이다.

Ⅱ. 탐라국의 기초를 놓은 벽랑국 삼공주

벽랑국(碧浪國) 삼공주가 도착한 해안은 성산읍 온평리에 있다. 도착이 아니라 표착했다고 해야 정확한 말이 되겠다. 그러나 삼성신화는 그들이 일부러 제주도를 택하여 배필을 찾아온 것으로 되어 있다. 한라산에서 사냥하던 세 사나이가 바닷가에 함(函)이 있는 것을 발견하고 달려 내려와 그 함을 열고 보니 아가씨 세 명이 있었다. 결혼 적령기에 이른 꽃다운 딸 셋을 배에 태워 미지의 나라로 떠나보내는 왕이 있었던 시대의 이야기이다. 가락국의 허 왕후도 이런 식으로 오지 않았던가. 어쨌든 이 공주들을 데려온 자주빛 옷을 입은 사자(使者)는 '우리 왕께서 따님들을 보내시며 배필로 삼아 부디 좋은 나라를 이루시라.'는 덕담을 전하고 문득 사라졌다고 한다.

조선시대 제주목사를 지낸 이원진의 〈탐라지〉에 실린 내용을 요약하면 다음과 같다.

> 고양부 삼성은 삼성혈에서 솟아나 거친 들판에서 가죽옷을 입고 사냥을 하며 고기를 먹고 살았다. 하루는 동쪽 바닷가에 붉은 흙으로 봉해진 목함이 떠오르는 것을 보고 나아가 이를 열었더니 푸른 옷을 입은 처녀 세 사람과 망아지와 송아지, 오곡의 씨앗이 있었다.
> 붉은 띠를 두르고 자주빛 옷을 입은 사자가 따라와서 말하기를 세 처녀는 자기네 나라 공주라고 하였다. 삼성은 이를 맞아 서로 배필을 정하고 활을 쏘아 각기 거처할 곳을 정하였다. 비로소 오곡의 씨앗을 뿌리고 소와 말을 기르게 되니 날로 백성이 많아지고 부유해갔다.

세 명의 공주는 비단옷을 입고 오곡의 씨앗과 가축을 가지고 왔다. 즉 그들이 가지고 온 것은 문명이었다. 세 명의 공주가 이 땅에 발을 딛는 그날부터 원시적인 방법으로 영위되던 생활은 훌쩍 몇 단계를 뛰어넘는 계기가 되었다.

비단옷을 입었다는 것은 신분의 고귀함을 상징하기도 하지만 옷감을 직조할 줄 알았고 옷을 만들 줄 알았다는 것을 의미한다.

02 | 고양부 삼신인과 삼공주. 온평리 마을 입구에 세워져 있는 상징물

또한 오곡의 씨앗을 가져왔다는 것은 농경법과 그 작물을 이용한 음식의 조리법을 알고 있다는 것을 의미한다. 가축을 가져왔다는 것은 가축을 농사와 생활에 이용할 줄 알았다는 것을 의미한다.

삼공주는 의식주 전반에 걸쳐서 가히 혁명적인 문물과 문화를 가져왔다. 그들의 도래는 제주가 수렵시대에서 목축시대, 농경시대로 진입하는 중요한 기점이 됐다.

성산읍 온평리에는 삼공주 관련 전설의 장소들이 있다. 그들이 도착한 해안은 특별히 '황루알'이라 불린다. 도착했을 때 노을이 황금빛으로 찬란했다 하여 붙은 명칭이라고 한다. 그밖에 목욕을 하고 혼례를 치렀다는 혼인지가 있다. 아직도 옛 모습을 간직해서 물이 맑고 봄이 되면 들꽃들이 피고 여름에는 수련이 피어나 아름답다. 온평리 마을에서는 삼공주의 제주도착에 의미를 부여하는 혼인지 축제를 해마다 열고 있다.

Ⅲ. 송당의 여신 금백주

구좌읍 송당리에는 유서 깊은 본향당이 있는데 당신(堂神)은 금백주라는 여신이다. 그녀는 망망대해 넘어 아득한 나라 강남천자국에서 혈혈단신으로 하늘이 정해준 자신의 배필을 찾아 송당마을로 왔다.

교통이 지금처럼 발달되지 않았던 1970년대까지만 해도 이 마을은 제주에서 가장 깊숙한 산골마을의 하나였다. 바닷가 마을에서는 어린 계집아이가 말을 잘 안 듣거나 투정을 부리면 '송당에 시집보내버리겠다.'고 으름장을 놓으면 울음을 뚝 그친다는 말이 있을 정도로 외진 산골이었다.

이곳에 제주 무신(巫神)의 종가집이라 할 수 있는 송당본향당이 있어온 것은 아주 오래전부터이다. 마을의 고로(古老)들은 이 마을

03 │ 송당마을제. 제주특별자치도 무형문화재 제5호 송당마을제는 음력 정월 13일에 송당본향당에서 열린다.

의 설촌(設村)이 금백주할망으로부터 비롯되었다고 말한다. 본향
당(本鄕堂)이란 자신이 태어난 근본의 집, 고향집이란 뜻을 가진다.
'할망'이란 말은 제주어에서는 나이 많은 할머니를 뜻하기도 하지만
민간신앙에서는 여신을 뜻한다.

금백주 여신의 계보에는 아들이 18명, 딸이 28명 손자와 친족
이 78명, 조카벌 되는 무신들이 368명이라 한다. 그녀는 제주 무
신의 뿌리여서 제주의 곳곳으로 무성한 나무가 가지를 뻗듯이 가지
쳐 나갔다는 것이다.

강남천자국은 문명한 곳이다. 그런 곳에서 제대로 된 선박도 없
던 시대에 외딴 섬으로 왔다는 것, 와서는 깊은 산골로 들어간다는
건 보통의 배포는 아니다. 이 당찬 아가씨, 금백주는 토박이 사냥
꾼 소로소천국과 맺어진다. 혼인하고 살면서 아이들이 네다섯 명
이나 태어나 성장하자 남편에게 생업의 형태를 바꾸자고 제안한다.

수렵이란 사냥감을 쫓아서 이동하는 생활형태요, 짐승이 잡히지
않았을 때는 끼니를 굶어야 하는 삶의 형태이다. 어른은 한두 끼
굶을 수 있어도 자라나는 아이들의 끼니는 결코 굶길 수 없다는 것
이 어머니의 마음이다.

농사를 짓는다는 것은 보다 더 안정된 생활 형태, 사냥을 나갈
수 없는 비바람 치는 날에도 아이들을 굶기지 않는 생활로의 전환
을 의미한다. 그것은 그날그날 근근이 살아가는 생활이 아니라 수
확한 것을 저장할 수 있는 생활이요, 오늘 하루 근근이 때워나가는
삶이 아니라 내일이 있는 삶으로의 전환을 의미한다. 학자들은 이
부분을 지적해서 제주가 수렵시대에서 농경시대로 전환해 가는 과
정이 신화에 나타난 것이라고 말하고 있다.

농사짓기로 합의를 하고나서 소천국은 밭을 갈다가 지나가던
중이 배고프다며 점심밥을 나눠달라고 하자 먹고 가라고 한다. 중
은 하나고 남김없이 먹고 달아나 버린다. 배가 고픈 소천국은 결국

03 │ 송당마을제
　　이 마을제는 여성들만 모여서 치루는 제의로 매인심방이 주관한다.

밭을 갈던 소를 잡아먹고 그래도 배가 고파서 옆 밭에서 풀을 뜯고 있는 남의 소까지 잡아먹어버린다.

　농경사회에서 소는 중요한 삶의 밑천이다. 밭을 갈고 짐을 실어 나르는 재산목록 1호인 셈이다. 점심을 먹고 난 빈 그릇을 가지러 금백주가 밭에 와보니 남편이 소처럼 땅을 기면서 밭을 갈고 있었다. 어찌된 일이냐고 묻자, 소천국이 말하기를 도저히 배고픈 걸 참을 수 없어서 자기소와 옆 밭의 소를 잡아먹었노라고 한다. 그 말을 듣고 금백주는 분통이 터져 소리친다.

　"우리 소는 배고프니까 잡아먹었다 칩시다. 그런데 왜 남의 소까지 잡아먹었습니까?"

　수렵을 하며 사냥감을 따라 이동하며 사는 소천국에게 있어 소는 그다지 큰 의미를 갖지 않는다. 그에게 소라는 짐승은 농사를 짓는데 긴요한 가축으로서가 아니라 식욕을 채우는 고기로서 더 많이 인식되고 있었다. 또한 이동하면 살아가는 사냥꾼에게는 이웃은 그다지 중요한 존재가 아니라고 보아도 무방할 것이다.

그러나 금백주는 농사를 짓는 농부를 지향하는 입장이다. 농사란 일정한 곳에 머물면서 씨 뿌리고 가꾸고 거둬들이는 일이다. 정착민인 농부에게 소는 중요한 노동력을 제공하는 가축이요, 이웃은 오늘도 만나고 내일도 만나는 관계이다.

금백주에게 있어서 이웃의 소를 잡아먹었다는 사실은 얼굴을 들고 다닐 수 없는 일이요, 이웃의 신뢰를 잃는 일이며 부모가 되어서 좋은 본은 못 보일망정 자식들에게 결코 보이고 싶지 않은 일이었을 것이다. 수렵인과 정착민의 차이점이요, 가치관의 충돌이라 할 것이다.

그리고 이때 금백주는 여섯째 아기를 임신하고 있었으며 먼저 태어난 다섯 아이들도 날이 다르게 자라나고 있었다. 자식을 비록 잘 먹이고 잘 입히지는 못할망정 올바르게 키우고 싶은 것이 어머니의 마음이다.

결국 금백주는 남편에게 같이 살 수 없으니 살림을 가르자고 한다.

"당신은 하늘입니다." 하면서 남편이 하는 대로 따르지 않고 결연히 "도둑놈 심보를 가진 당신과는 살수가 없다."고 한다.

금백주는 왜 그랬을까.

많은 아이들을 데리고 여자 혼자 산촌에서 살아간다는 일이 얼마나 고통스러운 지를 그녀는 몰라서 그랬을까. 그렇지 않다. 그녀에게 있어 산다는 것은 단순히 배를 채우는 것이 아니라 보다 높은 삶을 지향하는 일이었기에 자신의 가치관에 어긋나는 남편의 행동을 도저히 용납할 수 없었던 것이다.

금백주가 좌정하고 있는 송당본향당의 마을제는 1986년, 제주
도무형문화재 제5호로 지정되었다. 지정된 정식 문화재명칭은 〈송
당마을제〉이다. 정월 열사흘에 새벽부터 저녁까지 하루 종일 치러
진다. 중요한 대목은 심방이 자청비 신화의 한 대목을 구송한다는
점이다. 자청비 신화의 가장 중요한 핵심은 자청비가 하늘나라의
변란을 평정한 공으로 세경할망이 되어 오곡씨앗을 가지고 지상으
로 내려오는 데 있다. 이때 자청비는 추가로 척박한 땅에 심을 수
있는 가난한 사람들을 위한 메밀씨앗을 옥황상제에게 청해서 받아
온다. 이 대목이 해마다 당굿에서 읊어지는 것은 신앙인들이 금백
주와 자청비를 동일시하고 있음이다. 송당리의 메밀농사는 금백주
로부터 시작됐다고 믿어지고 있다.

송당리마을제는 해가 갈수록 신앙인들은 점점 적어져 가고 있
고 취재하는 학자와 카메라맨은 늘어가는 추세이다. 마을부녀회에
서 점심으로 메밀국수와 닭고기를 마련하여 대접한다.

* 이 글은 필자의 「문화영웅으로서의 여신들」(『제주여성문화』, 2001, 제주도)의 일
부를 발췌 보완한 것임을 밝힙니다.

화산섬 제주의
해저지형과 해양환경

윤석훈
(제주대학교 지구해양과학과 교수)

화산섬 제주의
해저지형과 해양환경

I. 지역 개관

제주도는 한반도 남해안에서 남쪽으로 약 85km 떨어진 수심 100m 내외(90~130m)의 대륙붕 상에 위치하고 있는 화산섬이다(그림 1). 지구조적으로 볼 때, 제주도 주변 대륙붕 해역(황해, 남해, 동중국해 등)은 한반도와 중국을 포함하는 대륙성 지판인 아무리아판(Amuria plate)의 가장자리가 해수면 아래로 가라앉아 형성된 대륙연해(epicontinental sea)로 분류된다. 이곳의 해저에는 주로 선캠브리아기의 변성암류와 중생대 및 신생대 초기 화강암류가 기반암을 이루고 있으며, 그 상부에는 최대 두께 500m 이상의 신생대 제3기 육성 및 해성 퇴적층이 집적되어 있다.

제주도를 형성한 화산활동은 신생대 제4기 플라이스토세와 홀로세(현생)에 걸쳐 약 200만년 동안 일어났는데, 화산분출 이전에는 현재와 유사한 대륙붕 환경이 우세하였으며 이 때에 쌓인 최대 180m의 천해 퇴적층(U층)이 현재 제주도 지하에 분포하고 있다. 제주도를 탄생시킨 최초의 화산분출은 지금으로부터 약 188만년 전에 얕은 해저에서 수성분출의 양상으로 일어났으며, 이후 약 140만년에 걸쳐 간헐적으로 일어난 분출로 인해 화산재와 화산휴지기의 해양퇴적층이 교호하면서 '서귀포층'이라고 하는 제주화산체의 최하부 지층이 형성되었다. 그리고 약 50~40만년 전에는 현

재의 제주도 대부분 지역이 해수면 위로 드러나게 되었고, 이후 전
도에 걸친 활발한 육상 화산활동으로 용암이 층상으로 누적되었
다. 특히 약 10만년 전 이후부터 현생(1002년, 1007년)까지 이어진
화산활동은 한라산체를 포함한 제주도의 현재 지형을 형성하였다.
가장 최근의 화산활동은 서기 1002년과 1007년에 일어났는데, 고

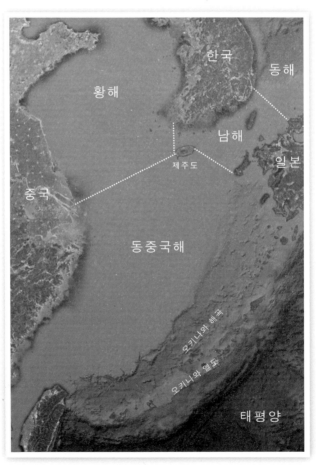

01 | 제주도 주변 바다와 해저지형
(바다의 경계는 국내외 학계의 의견 참고함)

려사(1451년), 세종실록 지리지(1454년), 신증동국여지승람(1531년) 등의 고문헌에 기록되어 내려온다.

　지리적으로 제주도는 황해, 남해, 동중국해 등 3개의 해역과 접하고 있으며, 이들 해역을 구분하는 주요 경계부가 되고 있다(그림 1). 일반적으로 동중국해의 북부 경계는 제주도 차귀도와 양자강 하구(상해)를 연결하는 선과 제주도 우도와 일본 나가사키현 고토열도 서단을 연결하는 선으로 알려져 있으며, 황해는 제주도 차귀도와 중국 양자강 하구를 연결하는 선의 북쪽 해역과 제주도 차귀도와 전남 진도 서단을 연결하는 선의 서쪽 해역을 지칭한다. 한편, 남해는 제주도 차귀도와 전남 진도 서단을 연결하는 선의 동쪽 및 제주도 우도와 일본 고토열도 서단을 연결하는 선의 북쪽 해역과 경남 울기갑과 일본 야마구치현 가와시리-미사키(Kawashiri-misaki)를 연결하는 선의 남쪽 해역을 지칭한다.

　지형적으로 제주도 북서쪽의 황해는 평균 수심이 약 45m로서, 우리나라 쪽으로 약간 치우친 중앙부에 남북으로 발달하는 수심 60~80m의 해저골짜기를 제외하면 대부분이 수심 100m 이하의 비교적 평탄한 대륙붕으로 이루어져 있다. 남해의 평균수심은 황해보다 두 배 이상 깊은 약 100m이고 한반도 남부 연안역에서부터 남쪽 및 남동쪽으로 가면서 수심이 완만하게 깊어지는 대륙붕으로 이루어져 있다. 다만, 남해안과 제주도 사이의 제주해협에는 최대 수심 140m의 해저골짜기가 동서 방향으로 발달한다. 한편, 제주도 남쪽의 동중국해는 평균수심이 약 350m로서, 일본 고토열도 서쪽 외해로부터 남서쪽으로 대만 북동부까지 이어지는 200m 등심선을 경계로 해서 북서쪽의 넓은 대륙붕과 남동쪽의 대륙사면으로 구분된다. 그리고 대륙사면은 오키나와 열도쪽으로 점차 깊어지면서 수심 1,000m 이상의 해저분지(오키나와 해곡)로 이어진다(그림 1).

Ⅱ. 해저지형

1. 제주도 인근 해역의 지형

제주도는 남동 방향으로 완만하게 깊어지는 대륙붕에 위치하는데, 주변 해역은 90~120m 범위의 수심을 보인다(그림 2). 제주도의 서부와 남서부 해역은 수심이 대체로 100m 이하로 얕고, 북동쪽으로 완만한 경사를 이룬다. 이 해역에서 등수심선은 북서-남동 방향으로 배열되어 나타나는데, 이들은 같은 방향으로 발달한 다수의 등성이와 골짜기(ridge and swale) 지형을 반영하는 것으로서, 강한 해류나 조류의 영향을 받아 형성된 것으로 보인다. 이에 비해

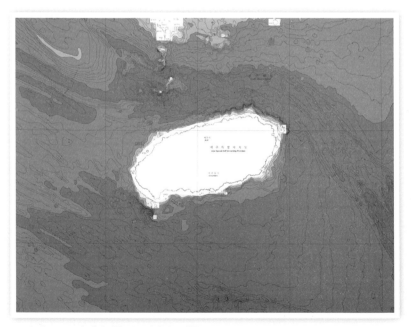

02 | 제주도 주변 해저지형도(국립해양조사원)

제주도 동부와 남동부 해역은 수심이 100~160m 범위에 있으며, 서부해역보다 다고 급하게 오키나와 해곡을 향해 남동쪽으로 경사져 있다.

　제주도의 북부해역은 급경사의 제주도 북사면과 완경사의 남해 대륙붕이 만나면서 다소 기복이 심한 해저지형을 형성한다. 복잡한 남해안과 수심 50m 내외의 남해 해저에는 수많은 도서들이 분포하며, 이들 도서 사이에는 소규모의 해저수로들이 형성되어 있다. 또한 추자도와 제주도 사이에는 제주해협의 중심축에 해당하는 최대수심 140m의 깊은 해저곡이 동－서 방향으로 발달하고 있다. 이 해저곡은 우도 북쪽에서 남동쪽으로 방향을 바꿔 일본 해역으로 이어지는데, 과거 빙하기 해수면이 낮았을 때 황해로부터 이어진 하천시스템과 하구를 연상케 한다.

　제주도에 근접한 연안역은 대부분 해안선에서 5km 이내의 거리에서 수심 100m까지 급격히 깊어지는 급경사의 특징을 나타낸다. 이는 현재 육상과 해안에 분포하고 있는 용암류 화산암의 해저 분포범위를 반영하는 것으로 보인다. 일반적으로 육상의 용암은 바다물과 만나게 되면 급격히 냉각되면 더 이상 흘러가지 못하고 멈추게 되는데, 현재의 해수면을 기준으로 100m 수심까지도 분포하는 것으로 보아 현재 해저에 분포하는 용암류는 대부분 과거 해수면이 낮았던 시기에 해수면 위에서 분출된 것으로 볼 수 있다. 2007년 국립해양조사원은 표선항에서 남동쪽으로 약 4km 떨어져 있는 금덕이초 부근 해저에서 화산체를 발견하였는데, 분화구의 직경이 430~660m, 중심부 수심은 64m로 측정되었으며 분화구 주변에서는 육상 화산체에서와 유사하게 투물러스(tumulus)나 용암류 통로와 같은 구조가 보고되었다.

2. 제주도 해안의 지형

8개의 유인도와 71개의 무인도로 구성되어 있는 제주도의 해안선 길이는 총 420km로서, 본섬의 해안선이 308km, 추자도와 우도 등 63개 부속도서 해안선은 112km이다. 화산활동을 통하여 형성된 제주도의 해안에서는 용암류 화산암으로 구성된 암반해안(rocky coast)이 우세하게 나타나며, 특히 수심 90m 이상의 대륙붕으로 둘러싸인 섬의 특성상 강한 파도의 영향으로 파식지형이 광범위하게 발달한다. 해안지역을 구성하고 있는 용암류 화산암은 중산간지대의 수많은 단성화산체(주로 분석구)들로부터 분출된 용암이 현재의 해안지역으로 흘러내려와서 굳어진 것으로서, 용암의 지화학적 특성뿐만 아니라 분출 시기와 장소에 따라 용암류의 규모(폭과 두께)나 도달거리가 달라지기 때문에 제주도의 암반해안은 돌출부와 만입부가 교호하는 다소 굴곡진 해안선의 특징을 보인다. 다만, 파도의 영향이 완화되는 일부 만입부 해안이나 경사가 완만한 연안역에 인접한 해안, 그리고 응회암으로 구성된 수성화산체가 인접해 있는 해안에서는 국지적으로 사질해안(해빈)이나 소규모 갯벌이 나타나기도 한다.

1) 암반해안

암반해안에서 가장 우세한 지형은 파도의 침식에 의한 지형으로서, 파식대지와 해안단애가 대표적이다. 파식대지는 파도의 지속적인 작용으로 해수면 상하부 인근에 위치하는 암반이 침식되어 평탄하게 된 지형이며, 해안의 경사가 급한 곳에서는 육지쪽으로 해안단애(해안절벽)가 발달하게 된다. 한편 암반의 일부가 침식에 강한 특성을 지니게 되면 그 부분만 남게 되어 서귀포 외돌개나 섭지코지 선돌과 같은 씨스택(sea stack)이 형성되기도 한다. 반대로 해안단애를 이루고 있는 암반에 취약대가 있는 경우에는 그 부분만 차별적으로 침식이 빠르게 진행되어 해식동굴이 발달되기도 한다.

　제주도 암반해안의 지형특징은 지역적으로도 다소 다르게 나타난다. 즉, 제주도 동부와 서부, 북부 해안은 대부분 비고가 큰 구릉지나 산지가 적고 바다 쪽으로 완경사의 평탄한 해안지형을 보이며, 해안단애의 발달이 미약하고 비교적 넓은 파식대지가 발달한다. 반면에 서귀포를 중심으로 한 남부해안에는 높은 단애 지형이 발달하고 있는데, 이는 다른 지역 용암류에 비해서 점성이 비교적 크고 유동성이 작은 조면암질 용암이 두껍게 분포하기 때문이며, 일부 지역(서귀포 천지연폭포 해안)에서는 단층운동에 따른 지반융기의 결과로 추정된다. 특히, 급경사의 해안단애에는 정방, 천지연 등의 폭포가 발달하기도 하며, 중문 해안에는 대규모의 주상절리가 나타나기도 한다.

2) 해빈과 사구

　해빈(beach)은 주로 파도에 의해 운반된 모래나 자갈 등이 굳어지지 않은 채 쌓여있는 해안지형이다. 제주도 해빈의 총 길이는 약 22km로서, 전체 해안길이의 약 7%에 해당한다. 해빈은 주로 암반돌출부 사이의 만입부에 형성되어 있어서 개별 해빈의 길이는 대부분 500m를 넘지 못한다. 이호, 삼양, 협재, 곽지, 함덕, 김녕, 중문, 화순, 사계 등지에 분포하는 해빈이 대표적이며, 모두 해수욕장으로 이용되고 있다. 일반적으로 해빈을 구성하는 미고화 퇴적물은 대부분 하천에 의해 내륙에서부터 운반된 입자, 파식해안의 암반으로부터 침식된 입자, 그리고 연안에 집적되어 있던 해양퇴적물이 파도에 의해 재동되어 해안으로 이동된 입자 등으로 구성된다. 제주도의 경우에는 하천의 유량이나 규모가 작기 때문에, 내륙기원

입자에 비해 해저로부터 유입된 패각편과 해안단애로부터 침식되어 나온 현무암편이나 응회암이 우세하게 나타난다. 제주도 해빈에서 패각편(주로 석회질 퇴적물)이 차지하는 비율은 평균 약 70% 정도로 비교적 높고, 김녕, 우도 등 일부 지역에서는 90% 이상에 이르기도 한다. 반면, 파식에 약한 응회암질 화산체가 위치하여 다량의 암설을 공급받는 안덕면 사계리(송악산), 화순리(용머리), 성산읍 신양리와 성산리(일출봉)에는 비교적 규모가 큰 사빈이 존재하며, 해빈퇴적물 중 패각사가 차지하는 비율도 높지 않다. 아울러 하천이 유입되는 이호와 삼양 해안의 해빈에서는 현무암편 입자의 함량이 높게 나타난다.

주로 모래로 구성된 해빈(사빈)의 배후지에는 사구(모래언덕)가 발달하는데, 만조선보다 높은 곳에 쌓인 건조한 상태의 모래가 바다로부터 불어오는 바람에 의해 내륙으로 이동되어 쌓인 것이다. 특히 겨울철에 강한 북서풍이 바다로부터 직접 불어오는 제주도 북부해안의 김녕, 협재, 곽지, 이호 해빈의 배후지에 이러한 사구지대가 뚜렷하게 나타나는데, 김녕, 평대, 하도리 일대에서는 북서풍계의 풍향을 따라 내륙으로 6km 정도 들어간 지역까지 사구모래가 분포한다. 남부해안에서는 사계리에 비교적 연속성이 좋은 사구가 해안선을 따라 나타난다. 사구는 일반적으로 높은 파도로부터 해빈 배후지를 보호하는 제방으로서, 희귀 동식물의 서식지(육상-해양 전이대)로서, 그리고 때로는 해빈 모래의 공급지로서 중요하다고 알려져 있다. 또한 김녕사구지대의 지하에는 당처물동굴과 용천동굴이 발달하고 있는데, 사구모래의 패각편에 함유되어 있는 탄산칼슘(석회질) 성분이 빗물에 용해된 후 지하의 용암동굴로 스며들어 침전되면서 동굴의 천정과 바닥에 종유석, 석순, 석주 등을 만들었다. 이는 용암이 흘러 형성된 화산동굴 내에 석회동굴에서나 볼 수 있는 다양한 형태의 석회질 장식물이 나타나는 희귀한 사례로서,

2007년 제주 화산섬과 용암동굴이 유네스코 세계자연유산으로 등재될 때 핵심적인 가치로 평가받기도 하였다.

3) 갯벌

갯벌은 조수간만의 차이가 크고 경사가 완만한 해안지역에 강한 조류가 흐르면서 사질 혹은 니질 퇴적물이 지속적으로 운반되고 쌓여 형성된 해안지형이다. 우리나라에서는 서해안과 남해안에 넓게 발달하지만, 대부분의 제주도 해안은 조차가 2~4m로 그다지 크지 않고 연안해저의 경사가 비교적 급하기 때문에 조류보다는 파도의 영향이 강하게 되어 전형적인 니질 갯벌은 거의 나타나지 않는다. 다만, 해안선이 내륙으로 깊게 만입되어 있거나 만입부 입구에 얕은 해저기반암이 발달하여 외해로부터 유입되는 파도가 약해지는 곳에서는 상대적으로 조류의 영향이 우세하게 되면서 소규모의 갯벌이 발달하게 된다. 대표적인 곳으로는 종달-시흥리와 오조리 해안을 들 수 있다.

Ⅲ. 해양환경

1. 해류와 수괴

1) 쿠로시오계 수괴(water mass)

태평양 북적도류로부터 기원한 쿠로시오 해류는 고온고염의 대양 해류로서, 필리핀부근 해역에서부터 시작하여 대만과 오키나와 열도 사이를 통하여 동중국해에 들어온 다음, 대륙사면을 따라 북동쪽으로 흘러가다가 일본 큐슈 남단을 돌아 태평양 연안으로 흘러

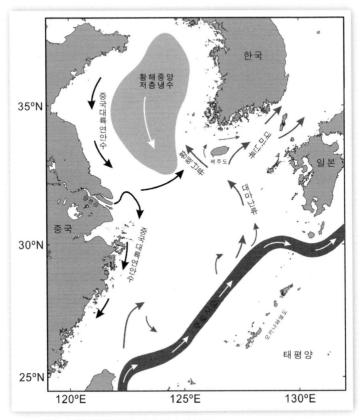

03 | 제주도 주변 해역의 주요 해류 및 수괴 분포

간다(그림 3). 해류대의 평균 폭은 약 56km이며 표층 유속은 1~3
노트(시속 1.9~3.7km), 해류의 중심은 수심 200m 내외의 수층에 위
치하는 것으로 알려져 있다.

　한편, 일본 큐슈 남서쪽에서 쿠로시오 해류의 일부가 분리되어
큐슈 서쪽을 따라 북상하여 대한해협을 거쳐 동해로 들어간다(그림
3). 이러한 해류를 '대마난류'라고 하는데 외해에서의 유속은 평균
0.5노트 정도로 느리지만, 대한해협을 통과할 때는 1~1.5노트로

빨라진다. 대마난류의 일부는 제주도 남단에서 본류와 분리되어 제주도 서쪽 해역을 거쳐 황해로 유입되는데, 이를 '황해난류'라고 부른다(그림 3). 황해로 유입된 난류는 여름철에는 우리나라 서해연안을 따라 북상하며, 겨울철에는 산동반도 쪽으로 흐른다. 황해난류의 염분도는 대마난류로부터 분리되는 해역에서 33.5~34.1‰로 고염분의 특성을 보이지만 북상 도중 주변연안수와의 강한 혼합에 의해 염분이 현저하게 낮아진다.

2) 중국대륙연안수

이 수괴는 중국 양자강과 황하가 황해로 유입되면서 형성된 저염분의 수괴로서, 중심부는 중국대륙연안에 인접하여 있지만 여름철에는 동쪽으로 흘러 제주도 부근까지 도달하기도 한다(그림 3). 가을과 겨울철에 냉각된 이 수괴는 한랭한 계절풍에 의해 황해 서부의 중국대륙 연안역으로부터 남동방향의 동중국해로 확장된다. 여름이 되면 수온이 높아지고 하천수의 유입량 증가하면서 염분은 현저하게 낮아지게 되는데, 특히 양자강에 의해 형성된 수괴는 북동쪽으로 이동하여 제주도 서쪽 해역과 제주해협까지 도달한다. 그리고 일부는 동쪽으로 흘러가서 대마난류의 표층수와 혼합되기도 한다.

3) 황해중앙저층냉수

황해 중앙부에 남북방향으로 발달한 해저곡에는 수온 10℃ 이하, 염분 33.00‰ 내외의 수괴가 저층에 고여있는 형태로 발달한다. 이를 '황해중앙저층냉수'라고 부른다(그림3). 이 수괴는 겨울철에 황해난류수와 중국대륙연안수가 혼합되어 형성된 것으로서 여름철과 가을철까지도 특성이 크게 변하지 않고 잔류한다.

4) 한국 연안수

한국 남해와 서해 연안역에는 중국대륙연안수나 쿠로시오계 수 괴와는 다른 고유의 연안수가 존재하는 것으로 알려져 있다. 이 수괴의 염분도는 대마난류수나 황해난류수보다는 낮고, 중국대륙 연안수보다는 높게 나타난다. 수온은 겨울철에 서해안은 5℃ 이 하, 남해안은 10℃ 이하로 낮아지며, 겨울철 염분은 남해안에서는 32.0~34.0‰ 정도로 여름철보다 높아진다.

2. 해양생태계

제주도는 기후적으로 온대 및 아열대에 위치한 우리나라 최남 단의 섬으로서, 총연장 420km의 해안선과 수심 100m 내외의 대 륙붕이 주변해역에 발달하고 있고 겨울철 수온이 비교적 높아서 각 종 어류의 산란장 및 월동장이 될 수 있는 좋은 여건을 갖추고 있 다. 특히 쿠로시오 해류로부터 기원한 대마난류 및 황해난류와 동 해와 남해에서 유입되는 한류가 서로 교차하면서 개절별로 독특한 어장환경이 조성되기 때문에 제주도 주변 해역에는 500여 종 이 상의 다양한 정착성 및 회유성 어류가 서식하고 있다. 앞서 살펴 본 바와 같이, 제주도 해안과 연안 해저는 일부지역을 제외하고는 대부분 암반이나 암초가 광범위하게 발달하고 있어서 고착성 저서 생물에 유리한 서식환경을 제공하고 있다. 특히 해조류는 350여 종 이상이 제주 연안역에서 보고되어 있는데, 북방계 2%, 온대계 74%, 남방계 10%, 범세계 14%로서 제주연안역이 '제주구'로 구분 될 만큼 독특한 해조류의 종구성을 보이고 있다. 또한 전복, 소라, 오분자기, 조개류 등 150여 종의 패류가 다량 분포하고 있으며, 애 월읍 곽지리와 성산포 해역 사질 해저에는 20~25종의 패류가 서식하고 있다. 연안에는 새우류, 게류 등 150여 종의 갑각류를 비롯하여 전복, 소라의 해적 생물인 불가사리류, 바다거북 등의 파충류, 오징어, 문어 등의 두족류, 성게류와 해삼류 등 다양한 해양동물들도 분포한다. (출처: 제주민속자연사박물관 자료)

3. 해저퇴적물

제주도 해안에서는 암반이 우세하게 나타나지만 바다로 조금만 더 나가면 해저는 대부분 미고화 퇴적물로 덮여있다. 제주도 주변 대륙붕 해저는 표층퇴적물의 유형에 따라 점토, 니, 사질 점토, 사질 니, 역질 니 등이 분포하는 니질 퇴적물 분포지역과 모래, 역니질 모래, 니질 모래, 점토질 모래 등으로 이루어진 사질 퇴적물 분포지역으로 구분할 수 있다.

니질형 퇴적물은 평균조성이 모래 4~5%, 실트 30~43%, 점토 51~66%로서, 비교적 점토의 함량이 많은 것이 특징이다. 이들 니질 퇴적물은 남해안에 인접하여 동-서로 발달한 니토대(mud belt), 제주도와 흑산도 사이에 북서-남동 방향으로 발달한 니토대, 그리고 제주도 남서해역에 북서-남동 방향으로 발달한 폭넓은 니토대 등 대체로 3개의 넓은 대상분포로 나타난다(그림 4).

이들 퇴적물 분포를 황해 전반의 퇴적물 분포와 비교해보면, 제주도 남서해역의 니토대는 발해만과 산동반도 연안을 거쳐 황해 중앙부를 가로질러 발달한 황해 중앙니토대의 연장이며, 제주도 북서해역의 니토대는 금강 하구에서 시작하여 한반도 서해안을 따라 남으로 발달한 황해 남동부 니토대의 연장으로 알려져 있다(그림 4).

사질 퇴적물은 제주해협 중앙부, 제주도 인접해역 및 수심이 깊은 제주도 남동쪽 해역 등 비교적 넓은 범위에 걸쳐 분포하며, 소코트라 암초 주변지역에서도 니질 모래가 소규모로 분포한다. 역니

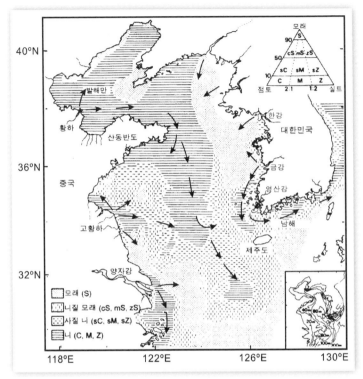

04 | 제주도 주변 해역의 표층 퇴적물 분포와 퇴적물 운반경로

질 모래는 평균조성이 자갈 15% 이하, 모래 51~63%, 실트 14~
16%, 점토 18~21%로 나타난다. 특히, 수심이 120m에 이르는
제주도 동부해역에는 모래함량이 90% 이상인 순수한 사질 퇴적물
이 분포하고 있다. 이 사질 퇴적물은 입도가 0.25~1.0mm인 중조
립 모래이며, 분급이 비교적 양호하다. 이에 비해 추자도와 제주도
사이 제주해협의 중앙 해저곡에는 역(자갈)을 함유하는 분급이 불량
한 니질 또는 사질의 혼합 퇴적물이 분포한다. 일반적으로 제주 인
근해역에 분포하는 사질 퇴적물은 현재 집적되고 있는 현생퇴적물
이 아니고, 홀로세 이전(15,000~18,000년 전)에 해수면이 현재보다

100여 m 이상 낮았을 때, 해빈이나 해저수로 등 해안 또는 연안의 천해환경에서 집적된 후 재동된 것이거나 또는 현생퇴적물로 피복되지 않고 해저면에 남아있는 잔류퇴적물로 해석되고 있다. 이러한 잔류퇴적물은 제주 인근 해역뿐만 아니라 황해와 동중국해의 외대륙붕에 광범위하게 분포하는 것으로 알려져 있다.

4. 고환경 및 변화사

제주도가 형성된 이후 제4기 동안의 제주도 주변 해저의 환경변화는 극지방 빙하의 발달과 쇠퇴에 따른 해수면 변동과 밀접한 관계를 갖고 있다. 황해 및 동중국해에서의 제4기 해수면 변동에 관한 연구결과에 따르면, 35,000년 전에 해수면은 현재보다 약 50m 가량 낮은 위치까지 하강하였다. 그 후 해수면은 더욱 낮아져서 빙하기가 절정에 도달한 15,000년 전에 이르러서는 현재보다 120~140m 정도 낮은 위치에 있었다. 이때에 해안선은 대마도 서부연안과 제주도 동부연안을 잇는 선까지 후퇴되면서 황해와 남해 그리고 동중국해 북서부 해역이 해수면 위 육상으로 드러나 있었던 것으로 보인다. 따라서 지난 빙하기에 제주도 주변에서는 제주도와 남해안 사이의 수심 120m가 넘는 해곡의 일부를 제외한 남해 및 황해 대부분 지역이 육지화되어 한반도는 물론 중국대륙과도 광활한 평지로 연결되어 있었던 것으로 보인다. 제주도 북부해역에는 현재의 지형으로 보아 황해에서부터 시작된 대규모의 하천이 동서로 발달되어 있었던 것으로 추정된다. 또한 한반도로부터는 고낙동강과 고섬진강이 완만한 사행천으로 발달하면서 그 하구에 침식과 퇴적이 반복되는 대규모의 삼각주나 염하구를 형성하였으며, 이를 통해 많은 양의 퇴적물을 제주도 북부 및 동부해역에 집적시킨 것으로 추정되고 있다.

약 15,000년 전 이후 대륙의 빙하가 소멸, 후퇴되면서 해수면이 상승하기 시작하여 약 11,000년 전에는 현재보다 95m 가량 낮은 위치까지 해수면이 빠르게 상승하였고, 약 7,000년 전에는 현재의 해수면 가까이 도달하였다. 이렇게 해수면이 상승되는 과정에서 제주 서부해역은 점차 해침을 당하여 염하구나 또는 만 입구와 같은 해안지형이 발달되었다. 이러한 해안퇴적환경들은 조류의 영향이 지배적이었고, 이에 따른 모래의 활발한 이동으로 인하여 이 시기에 제주도 서부해역에는 모래언덕과 같은 해저지형이 광범위하게 발달되었다.

해양문화의 보고, 제주바다

한국고대의 해로와 제주 해양교류사

강봉룡

(목포대학교 사학과 교수, 도서문화연구원장)

한국고대의 해로와
제주 해양교류사

I. 바닷길(해로)의 확대
: 연안해로에서 횡·사단해로로

육로의 개척이 본격적으로 이루어지기 이전의 전근대, 특히 고대의 시대에 문물교류는 주로 강이나 바다의 물길에 의존할 수밖에 없었다. 이중 바닷길(해로)은 비교적 먼 거리의 교류를 감당하는 통로로 중시되었다. 문물교류는 지역별로 각기 다른 특산품과 문화를 서로 교환함으로써 삶을 풍요롭게 하고 문명발전사에 지대한 공헌을 했다는 점을 염두에 둘 때, 해로가 역사 발전에 기여한 역할은 결코 가볍다고 할 수 없다.

한국사에서도 예외는 아니었다. 우리 역사의 중심축인 한반도는 삼면이 바다를 띠고 있고, 그 바다를 통해서 중국대륙과 일본열도를 이어주는 위치에 있다. 일찍이 일제에 의해 악의적으로 반도가 비하되고 격하되는 과정을 겪으면서 우리 역시 이를 무심히 받아들이고 대륙 지향적 사고에 기울어져 반도국가임을 애써 외면하려 했던 것도 사실이다. 그러나 바다의 관점에서 역사를 보게 되면 한반도는 바다를 통해서 중국대륙과 일본열도를 이어주는 동아시아의 결절점에 해당하며, 바로 그런 위치에서 동아시아 문명교류사에 지대한 역할을 수행했다는 것을 새삼 깨달을 수 있다. 따라서 우리의 역사를 바다의 관점에서 천착하고자 한다면 반도국가임을 재인식하고, 한반도를 에워싸고 있는 삼면의 바다를 통해 성취한 역사적 성과에 관심을 가질 필요가 있다.

그런데 바다를 통한 문물교류는 특별한 운송수단인 배를 통해서 이루어진다. 따라서 배를 만드는 조선술과 배를 운항하는 항해술, 그리고 배의 안전한 운항에 필수적인 자연에 대한 인지력 등의 발전 여하에 따라 운용 가능한 바다와 해로의 범위가 정해지기 마련이다.

역사 초기 단계에는 먼 바다로 나가지 못하고 육지가 바라다 보이는 연안해로를 따라 운항하는 지문항해(地文航海)에 의존할 수밖에 없었다. 그러다가 조선술과 항해술과 자연에 대한 인지력이 발전하고 천문항해(天文航海)가 가능해짐에 따라 점차 먼 바다 항해가 가능해졌다.

이를 동아시아에 적용해보자. 먼저 두 개의 연안해로를 상정해 볼 수 있다. 한반도의 서해와 남해를 따라서 중국과 일본으로 통하는 연안해로가 그 하나이고, 한반도의 동해와 남해를 통해서 연해주 북방과 일본을 연결하는 연안해로가 그 하나이다. 그런데 두 연안해로 모두 한반도의 연안을 따라 중국 및 북방과 일본을 연결했다는 점에서 동아시아 연안해로 상에서 한반도가 차지하는 위치가 얼마나 중요했던가를 충분히 짐작할 수 있다. 필자는 한반도의 연안을 기준으로 하여 전자를 '서남해 연안해로', 후자를 '동남해 연안해로'라 칭하여 구분한 바 있다.[1]

그러면 동아시아사회에서 연안해로에서 벗어나 황해와 동해를 건너뛰는 횡단과 사단의 해로가 본격 가동되기 시작한 것은 언제부터였을까? 동아시아 횡·사단해로의 가동 시점을 둘러싸고 선사

---

1) 강봉룡, 『바닷길로 찾아가는 한국고대사』, 경인문화사, 2016.

시대설부터 8세기설에 이르기까지 다양한 견해가 논란을 거듭하고 있다.[2] 이렇듯 논란이 막심한 데에는 논의의 기준이 각기 다르다는 점도 작용하는 것 같다. 따라서 횡·사단해로 가동의 기준을 설정하는 것이 우선 필요하다.

먼저 표류나 모험 항해 등과 같이 우연적이고 간헐적으로 횡·사단했던 것까지 횡·사단해로 가동의 기준으로 포함시킬 수 있는가의 문제인데, 이는 지속적인 '길'(횡·사단해로)로 인정하기는 어렵다고 본다. 특정 목적지 사이를 의식적으로 횡·사단하며 왕래하고 장기 지속적이고 본격적인 길로 인지하면서 활용하는 단계에 이르러야만 비로소 횡·사단해로가 '개통'되었다고 할 것이다. 따라서 횡·사단해로의 '개통' 시점에 대한 논의는 이런 기준을 전제로 하여 진행할 필요가 있다는 것을 제안하고 싶다.

이런 기준을 염두에 둘 때, 백제가 372년에 동진에 처음 사신을 보내 국교를 개설하고,[3] 이후 동진을 이은 남조의 여러 왕조들(송·제·양·진)과 꾸준히 교류를 전개했다는 것을 먼저 떠올릴 수 있다. 백제에서 동진의 수도 건강(지금의 난징, 南京)에 이르기 위해서는 황해를 횡·사단하는 길을 이용했을 것이고, 이후 이 길을 통해서 지속적인 외교교섭을 했다고 한다면 백제에서 동진에 이르는 황해 횡·사단의 길은 늦어도 4세기 후반에는 정례적인 해로로서 정착되었을 것이라 생각할 수 있다.

그러나 이에 대한 반론도 가능하다. 먼저『위서』에 나오는 관련 기사를 분석해 보자. 먼저 백제의 개로왕은 472년에 고구려 배후에 있는 북위에 사신을 보내 북위에 이르는 길(해로), 곧 '황제의 길'

---

2) 한국 고대의 해로에 대한 연구사는 정진술,「장보고시대 해양술과 한·중항로에 대한 고찰」,『장보고와 미래대화』, 해군사관학교 해군해양연구소, 2002 참조.
3) 『삼국사기』권24, 백제본기2, 근초고왕 27년조.

을 고구려가 막고 있어 조공하는데 장애가 되니 고구려를 물리쳐 달라고 요청한다. 이에 북위 황제는 고구려에 길을 터줄 것을 촉구했지만 고구려가 이를 거부하자, 475년에 산동반도 봉래(蓬萊)에서 황해를 횡단하여 백제에 사신을 파견하였다가 표류하여 실패하고 돌아가고 말았던 일이 있었다.[4] 만약 당시에 황해 횡·사단해로가 '개통'되어 있었다면 북위와 백제가 굳이 고구려에게 연안해로를 열어줄 것을 호소할 필요도 없었을 것이다. 고구려가 끝내 거부하자 북위가 산동반도에서 횡·사단해로를 통해 백제에 사신 파견을 시도하였지만 결국 실패하고 돌아가고 말았던 것으로 보아 5세기 후반까지도 황해 횡·사단해로는 정례적인 해로로 '개통'되지 못한 상황이었다고 볼 수밖에 없다.

이밖에『삼국사기』에 의하면 백제의 문주왕이 476년 송나라에, 동성왕이 484년 제나라에 각각 사신을 파견하였지만 고구려의 방해로 도달하지 못했다는 기록,[5] 신라의 진평왕이 625년에 당나라에 사신을 파견하여 고구려가 길을 막아 조공 사신을 보내기 어렵다고 호소했다는 기록,[6] 김춘추가 648년에 당에 건너가 당태종과 나당군사동맹 체결의 담판을 짓고서 돌아오던 중에 해로 상에서 고구려의 순라병을 만나 목숨을 잃을 뻔 했다는 기록[7] 등은 7세기 단계까지도 황해 횡·사단해로보다는 고구려의 위협이 도사리고 있던 연안해로가 여전히 주된 해로로 활용되고 있었던 것을 보여주는 사례들이다.

이상의 몇몇 사례들을 통해 볼 때, 7세기 전반까지 동아시아의

---

4) 『위서』권100 열전88 백제국.
5) 『삼국사기』권26, 백제본기4, 문주왕 2년 3월조 ;『삼국사기』권26, 백제본기4, 동성왕 6년 7월조.
6) 『三國史記』卷4, 新羅本紀4, 眞平王 47年 11月條.
7) 『삼국사기』권5, 신라본기5, 진덕왕 2년조.

문물교류는 주로 연안해로에 의존하고 있었고, 그 연안해로는 한반도에서 삼국 간 상쟁이 치열하게 벌어지면서 번번이 경색되곤 하는 심각한 상황이 계속되고 있었음을 알 수 있다.

신라와 당이 나당군사동맹을 체결했음에도 불구하고 10년 이상 연합작전을 펴지 못했던 것 역시 연안해로의 이러한 한계 때문이었다고 할 수 있다. 신라와 당은 648년에 나당군사동맹을 체결하였지만, 당은 백제를 먼저 협공하자는 신라의 제안을 따르지 않고 고구려 선공(先攻)에만 집착했다. 당군이 신라군와 연합하여 백제를 협공하는 작전을 펴기 위해서는, 고구려의 저지를 극복하고 연안해로를 통해 이동하든가 아니면 고구려의 저지를 피해서 황해 횡·사단해로를 통해 이동하든가 양자택일하지 않으면 안 되었을 것이다. 그런데 당이 고구려 선공에 매달릴 수밖에 없었던 것은 그 어느 쪽도 여의치 못하였기 때문이었다.

그러다 군사동맹이 체결된 지 12년이 지난 660년에 이르러서야 당은 문득 백제 선공작전으로 선회하였다. 660년 3월 10일 당 고종은 소정방을 신구도행군총관으로 삼고 황해를 횡단하도록 명했다. 소정방은 13만 대군을 이끌고 산동반도의 성산(成山)을 출발하여 황해를 횡단하는 비상작전을 감행했다.[8] 당 수군은 덕물도(지금의 인천시 옹진군 덕적도)에 잠시 상륙하여 신라군과 연합작전을 협의한 후에 금강의 좌안인 미자진(지금의 군산)에 상륙하였다.[9] 마침내 나당연합군은 7월 12일에 결성되었고, 공격을 개시한 지 하루 만에 백제 왕도 사비성을 함락시켰다. 그리고 그 5일 후인 7월 18일에 웅진성으로 달아났던 의자왕과 태자 효의 항복을 받아냈다. 소정방의 황해 횡단작전은 성공을 거두었고, 700년 가까운 역사를

8) 『구당서』 본기4, 고종 상 현경 5년 3월 신해조.
9) 『일본서기』 권26, 제명천황 6년(660) 9월, 細註.

지속해온 백제는 하루아침에 멸망의 비운을 맛보아야 했다. 황해 횡단작전의 위력이 충격적으로 입증되는 순간이었다.

이후 전쟁의 과정에서 당군은 대규모 황해 횡단작전을 몇 차례 반복적으로 감행하였고,[10] 그에 따라 황해 횡·사단해로가 위험하다는 인식도 현저히 약화되어 갔다. 그리하여 삼국통일 이후 신라와 당 사이에 기존의 연안해로는 물론 황해 횡·사단해로까지 본격 가동되어 해로의 다각화 시대가 활짝 열릴 수 있었다. 이렇게 본다면 소정방의 황해 횡단작전이야말로 연안해로의 시대에서 횡·사단해로의 시대로 본격 이행하는 결정적인 계기가 되었다고 볼 것이니, 이는 그간 축적되어온 조선술과 항해술, 그리고 자연에 대한 인지력이 획기적으로 발전한 결과였다 할 것이다.

II. 통일신라, 해양무역의 융성과 장보고

1. 공무역의 융성

신라와 당과 일본의 동아시아 삼국은 7세기 후반에 한반도에서 전개된 '동아시아대전'의 열전을 치르면서 서로 간에 간극이 벌어졌지만, 8세기에 접어들어 이를 봉합하면서 문물교류[무역]의 장으로 나왔다. 마침 8세기부터 중국 동남해에서 동남아−서아시아로 이어지는 남해로(일명 '해양실크로드')가 활성화되어 가고 있었으니, 이것이 동아시아 3국 간에 다각화된 해로(연안해로, 횡·사단해로)와 결합되면서 동아시아 해양무역의 범위는 크게 확대되었다.

10) 예를 들어 663년에 손인사가 당 원군을 거느리고 660년 소정방의 해로를 그대로 답습하여 도래한 바 있다(『삼국사기』 권6, 문무왕 3년조).

8세기 동아시아 해양무역의 방식은 국가 권력이 적극적으로 개입하는 공무역이 주를 이루었다. 세 나라의 왕권이 제각기 무역을 통제할 수 있을 정도로 강력했기 때문이었다.

당의 경우 7~8세기는 '정관(貞觀)의 치(治)'와 '개원(開元)의 치(治)'라 불리는 태종~현종 연간의 강력한 황권통치의 시대였고, 신라 역시 강력한 전제왕권이 작동하는 중대(中代)의 시대가 전개되었다. 일본의 경우도 646년에 대화개신(大化改新)을 단행한 이후 천황 중심의 정치운영체제가 8세기 대까지 이어졌다.

이처럼 강력한 왕권이 작동하던 8세기에는, 동아시아 삼국은 공통적으로 국가 간의 사적인 무역 거래를 금지하고 국가가 통제하고 주도하는 공무역체제를 유지해 갔다. 예컨대 당 전기에 편찬된 법률서『당률소의(唐律疏議)』는 국경 지역에서 외국인과 사사로이 교역하는 것을 금하고, 외국인이 국경을 넘어와 교역하면 내국인이 국경을 넘어 교역한 죄와 동일하게 처벌하는 것으로 규정했다.[11] 당의 율령을 받아들였던 신라나 일본의 경우도 이와 마찬가지였을 것이다.

이 시기 신라에서 공무역을 수행한 주역은 공식 사절단이었다. 신라가 당에 파견한 견당사(遣唐使)와 일본에 파견한 견일본사(遣日本使)는 본연의 외교활동은 물론 경제적 문물 교류를 병행하였다. 신라는 이러한 사절단을 통해서 양국의 물자를 확보하고 이를 다시 양국에 제공하는 공무역 중개자 역할을 수행하기도 하였다.

먼저 당과의 공무역은 견당사(遣唐使)가 주도하였다. 견당사들은 대체로 네 가지의 방식으로 공무역을 수행하였다.[12] 첫째, 공물(貢物)과 회사품(回賜品)을 통한 방식이다. 견당사가 가지고 간 공물을

---

11)『唐律疏議』권8, 衛禁.
12) 권덕영,『고대한중외교사-견당사연구』, 일조각, 1997.

국경 지역에서 검열하여 물품의 종류와 수량을 자세히 적어 외교의
의전을 담당하는 홍려시(鴻臚寺)에 보고하면 홍려시가 그 가격을 산
정하여 회사품의 물량을 정하여 귀국 시에 견당사에게 주었다. 둘
째, 관시(官市)를 이용하는 방식이다. 중국 조정이 견당사들의 편의
를 위해 그들이 머무는 객관 안에 개설해 주는 관시를 이용하여 물
자를 확보하였다. 셋째, 호시(互市)를 이용하는 방식이다. 호시란
견당사가 가져온 물품을 당나라 조정이 고가로 다량 구입해 주는
것을 말한다. 넷째, 비공식적인 방식이다. 견당사들이 당물(唐物)이
나 중국에 모여든 아라비아와 페르시아 등의 물자들을 비공식적으
로 구입기도 하였다.

공물과 회사품을 교환하는 첫 번째 방식이 신라와 당 사이에서
이루어진 가장 일반적인 공무역 형태였다. 그렇지만 견당사들은
위의 다양한 방식을 구사하여 큰 이문을 내면서 가져간 물건을 팔
고 가능한 한 많은 물자를 당으로부터 확보하고자 하였다. 이렇게
하여 견당사가 신라에 가져온 외래품들은 신라 귀족사회에 인기리
에 팔려 나갔고, 그 일부는 역시 공무역을 통해 일본에까지 재수출
되었다.

신라와 일본은 정치외교의 측면에서는 우여곡절도 있었지만 경
제교류의 측면에서는 서로 필요로 했던 공생관계였다. 일본은 신
라를 통해 당과 신라의 선진 문물을 공급받고자 하였고, 신라는 당
의 물자를 중계 보급하거나 자국의 물자를 직접 공급하는 일종의
시장으로 일본을 활용하고자 하였다. 이러한 양국의 경제적 공생
관계는 양국 간의 정치군사적 대립구도를 완화시키고 경제적 교류
의 폭을 넓혀가는 배경이 되었다.

752년 신라 왕자 김태렴(金泰廉) 일행의 일본 파견 사례는 양국
이 정치적 타협을 통해 경제적 교류를 확대해간 공무역의 실상을

생생하게 보여준다.[13] 당시 김태렴과 효겸(孝謙)천황이 나눈 대화의 형식을 보면, 김태렴이 '상주(上奏)'하고 천황이 '하조(下詔)'하는 형식으로 되어 있어 마치 군신관계의 모습을 연상케 한다. 그 내용을 보아도 김태렴은 신라 국왕이 직접 조공을 바쳐야 했으나 불가피하게 자신이 오게 된 사정을 변명하고 있고, 천황은 신라 국왕의 정성을 가상히 여긴다는 식으로 응답하는 등 마치 제후국의 사신을 대하는 듯한 논조로 일관하고 있다.

이렇듯 신라가 의례적으로나마 일본에 저자세를 취한 이유에 대해서는 다른 견해도 있지만,[14] 신라 사절단이 일본 당국으로부터 무역 행위를 허용받기 위한 경제적 필요에서 전략적으로 선택한 것으로 보는 것이 타당하다. 김태렴은 700여 명의 사절단을 거느리고 축자(筑紫)에 입항했고, 평성경(平城京)에 입경할 때도 370여 명의 사절단을 거느렸다. 이렇듯 대규모 사절단은 단순한 외교적 목적을 위한 것만은 아니었고, 마치 오늘날의 세일즈 외교를 위해 대동하는 대규모 경제 사절단을 방불케 한다.

김태렴 일행이 평성경(平城京)에 머물던 기간과 정확하게 일치하는 752년 6월 중순에서 7월 상순 사이에 5위 이상의 일본 중앙 귀족들이 신라에서 가져온 물건을 주문했던 '매신라물해(買新羅物解)'라는 문서가 그 물증이다. 이 문서에는 구입하고자 하는 신라 물품의 목록, 물품의 가치에 맞춰 지불할 견제품의 종류[綿·絹·糸·絁]와 분량, 작성 연월일, 그리고 제출자의 성명 등이 각각 기록되어 있어, 상품 구매신청서의 일종에 해당한다.

13) 『續日本後紀』권18, 孝謙天皇 天平勝寶 4년조.
14) 이성시는 당시 발해가 일본과 제휴하여 신라를 정벌하려 시도했고 일본도 이에 동조하려는 모습을 보이게 되자, 신라가 일본을 발해와 이간시키고 발해를 견제하기 위해서 일본의 무리한 요구를 수용한 것으로 파악하였다(이성시·김창석 역, 『동아시아 왕권과 교역-신라·발해와 정창원보물』, 청년사, 1999).

현전하는 26건의 '매신라물해'에 의하면, 구매 신청은 왕족이나 귀족, 그리고 5위 이상의 고위 관인층에 한정되고 있었다. 이들이 구입 신청한 물품은 크게 향료, 약재, 안료, 염료, 금속제품, 생활용품과 집기류, 그리고 기타로 분류할 수 있고, 총 260여 건이 넘는다. 한 사람이 신청한 구매 물품의 수는 적게는 3종에서 많게는 47종에 달한다. '매신라물해'의 문서에 기록된 물품들을 보면, 신라와 당의 산물뿐만 아니라 해양실크로드를 통해 당에 들어온 아라비아, 페르시아, 인도, 동남아시아 등지의 다양한 산물들도 포함되어 있다. 이미 많은 '매신라물해'의 문서가 소실되었으리라는 것을 가정한다면, 당시 신라 사절단이 가져간 물품의 종류와 양은 훨씬 더 방대했을 것이다.

한편 일본에서는 대장성(大藏省) 관리가 신라 사절단이 가져온 물품에 대한 거래를 주관하였다.[15] 구매를 원하는 자들은 구매신청서인 '매신라물해'를 미리 작성하여 대장성 관리에게 제출하였고, 대장성 관리는 이에 의거하여 매매를 중재하였다. 이렇듯 국가 기관이 매매 과정에 개입한 이유는, 구매자가 너무 많이 몰려 물품의 재분배를 조율할 필요가 있었고, 물품의 가격이 폭등하는 것을 방지할 필요가 있었기 때문이었다.

752년 김태렴의 일본 방문 기록과 '매신라물해'의 문서는 당시 신라와 일본 사이에서 이루어진 공무역의 실상을 생생하게 보여주는 소중한 사례이다. 이는 동아시아 공무역의 관행을 이해하는데도 좋은 시사점을 주고 있다.

---

15) 『延喜式』 권30, 大藏省 織部司, 「凡蕃客來朝應交關者 丞錄史生奉藏部價長等赴客舘 與內藏寮共交關」

2. 사무역의 대두와 장보고

8세기 공무역의 성행은 이를 통제할 수 있는 강력한 왕권이 뒷받침되었기에 가능했고, 그 결과는 동아시아 3국을 문화전성시대로 이끌었다. 그러나 8세기 후반을 넘어서면서 동아시아 3국에서 왕권의 약화 현상이 동시다발적으로 나타났고, 자연히 공무역도 쇠퇴의 국면에 접어들었다.

먼저 중국의 경우를 보면, 755년에 일어난 절도사 안록산(安祿山)의 난을 기점으로 하여 당 황제의 권위에 도전하는 절도사들의 발호가 전국에서 줄을 이어 일어났다. 여기에 농업생산력의 발달에 따라 기존의 균전제(均田制)가 붕괴하고 상업 유통경제가 발달하면서, 지방에 대한 당 왕조의 통제력은 급속히 약화되어 갔다.

신라에서도 8세기 후반부터 귀족들의 반란이 빈번하게 일어나기 시작하였다. 그리고 780년에는 반란의 와중에서 혜공왕이 시해되는 충격적인 사건이 터지면서 '중대'의 전제왕권시대는 종언을 고하고 '하대'의 귀족연립시대로 이행하였다. 이후 왕위쟁탈전이 일어나고 농민에 대한 착취와 흉년까지 겹치면서 심각한 민심 이반 현상이 나타났으며, 이에 따라 지방세력의 탈왕권화가 빠른 속도로 진행되었다.

일본 역시 8세기 후반부터 비슷한 변화의 양상이 나타났다. 먼저 황실 외척세력인 후지하라씨(藤原氏)의 득세로 천황의 친정체제가 약화되었고, 9세기에 이르러서는 후지하라씨가 주도하는 섭관정치(攝關政治)로 경사되어 갔다. 이와 함께 지방에서도 기왕의 반전제(班田制)가 붕괴되고 장원제(莊園制)에 기반 한 독자적인 호족세력이 일어나 무사(武士) 계급으로 발달해 갔다.

이렇듯 8세기 후반에 이르면 동아시아 삼국은 왕권이 약화되고 율령체제가 붕괴되는 조짐이 거의 동시에 나타났다. 그리고 이에 따라 공무역이 후퇴하고 이를 대신하여 사무역이 대두하는 무역 형태의 교대 현상이 뚜렷해졌다.

이렇듯 동아시아 3국의 공무역체제가 무너져가자, 9세기에 들어 3국을 넘나들며 사적인 무역활동을 전개하던 신라 상인들의 움직임은 더욱 활기를 띠게 되었다. 이제까지 공무역체제의 제약 속에서 진귀한 박래품(舶來品)에 대한 욕구에 목말라 있던 일본인들에게 무역품을 가득 싣고 수시로 찾아오는 신라 상선은 그야말로 흠모의 대상이었다.

당시 일본인들은 신라 상인들이 가져온 물품을 경쟁적으로 구매하였고, 이로 인해 심각한 사회 문제가 야기되기도 하였다. 지위의 고하를 막론하고 신라 상인이 가져온 물건을 경쟁적으로 구매하여 사치가 극에 달하고 가산을 탕진하는 경우까지 허다하게 일어났다. 중앙의 최고 관서인 태정관(太政官)은 당시 일본의 관문항구인 축자(筑紫)에서 출입국 업무를 총괄하던 대재부(大宰府)에 공문을 발송하여 공정가격이 지켜질 수 있도록 관리감독을 철저히 할 것을 지시하기도 했다.[16]

당시 일본의 관리들 중에는 이러한 폐단에 대해 심각한 위기감을 느끼고 극단적인 조치를 취할 것을 주장한 이도 있었다. 다자이후의 관리였던 등원위(藤原衛)는 842년 8월 15일에 조정에 상주문(上奏文)을 올려 신라국 사람들의 입국을 일체 금지시킬 것을 건의하였다.[17] 그렇지만 태정관은 이에 대하여 신라 상인들의 민간 교

[16] 『類聚三代格』 권18, 夷俘幷外蕃人事,「太政官符 応檢領新羅人交關物事 … 愚闇人民傾覆櫃□ 踊貴競買 物是非可輻□則家資殆罄 耽外土之聲聞 蔑境內之貴物 是實不加捉搦所致之弊 宜下知大宰府嚴施禁制 勿令輒市 商人來着 船上雜物一色已上 簡定適用之物 附驛進上 不適之色 府官檢察 遍令交易 其直貴賤 一依估価 若有違犯者 殊處重科 莫從寬典 天長八年九月七日」
[17] 『속일본후기』 권12, 仁明天皇 承和 9년 8월.

역은 허용하되 교역이 끝나면 곧바로 돌아가도록 하라는 미온적인 조치에 그칠 뿐이었다.[18] 신라 상인들의 입국 자체를 금지할 경우 조정에 필요한 진귀한 진상품의 조달이 어려울 뿐 아니라 일본 귀족들의 박래품에 대한 욕구를 원천 봉쇄하는 결과가 초래되는 것을 우려했기 때문이었다.

사무역으로 인한 사회 문제는 일본에서 뿐만 아니라 신라에서도 일어났다. 흥덕왕(興德王)은 834년에 내린 교서에서, 백성들이 외래품을 경쟁적으로 구매하여 사치가 극에 달하고 상하(上下)와 존비(尊卑)의 신분 질서가 무너지고 있음을 경고하고, 옛 제도에 따라 신분질서를 바로잡겠다는 의지를 밝혔다.[19] 『삼국사기』의 잡지에 전하는 바에 의하면 신라는 신분에 따라 의복, 수레, 그릇, 가옥 등의 사용을 차별적으로 규정하고 있었는데, 사무역의 성행으로 진귀한 물품들이 유입되면서 이런 신분적 차별 규정을 혼란에 빠뜨리고 신분제의 문란을 야기시켰던 것이다. 이러한 신분제 문란 현상은 신라와 마찬가지로 신분적 차별을 규정하고 있던 일본의[20] 경우에서도 일어나고 있었다. 일본에서 신라 상인의 입국 자체를 금지하자는 과격한 주장이 나왔던 것도 알고 보면 이러한 위기감에서 연유한 바가 컸던 것이다.

이렇듯 9세기에 들어 사무역이 급속히 확산되면서, 신라와 일본에서 외래 사치품이 범람하여 법제에 규정된 엄격한 신분질서의 틀마저 위협하는 지경에까지 이르렀다. 그런데 이렇듯 당시 동아시

18) 『유취삼대격』 권18, 夷俘幷外蕃人事, 「太政官符 応放還入境新羅人事 … 商賈之輩飛帆來着 所齎之物任開民間令得廻易 了卽放却 … 承和九年八月十五日」
19) 『삼국사기』 권33, 雜志2 色服.
20) 『일본서기』 권29, 天武天皇 10년(682) 4월 辛丑, 「立禁式九十二條 因以詔之曰 親王以下 至于庶民 諸所服用 金銀珠玉 紫錦繡綾 及氈褥冠帶 幷種種雜色之類 服用各有差」

아 사회에 지대한 사회변동의 파장을 몰고 왔던 사무역의 주요 담
당자는 바로 당과 신라와 일본에 흩어져 살고 있던 신라 상인들이
었고, 그 한 가운데에 장보고란 인물이 있었다.

장보고의 해양무역활동에 대해서는 많은 연구가 축적되었지만,
여기서는 지면 사정상 상세한 소개는 생략하기로 한다. 다만 그의
해양무역활동을 간략히 요약 소개하자면 대개 다음과 같다.

"8세기 말에 장보고는 중국으로 건너가 군인으로, 무역인으로
큰 성공을 거둔다. 828년 귀국을 단행하여 흥덕왕의 윤허를 받아
완도에 청해진을 건설하고 서남해지역에 대한 관할권을 행사한다.
동아시아 3국의 국가 권력이 해이해지고 해양질서가 무너져서 해
적이 판치던 상황에서, 청해진을 중심으로 군사력을 확보하여 해적
을 제압한다. 재당, 재일본 신라인을 위시한 네트워크를 구축하고
당과 일본에 각각 매물사와 회역사를 파견하여 동아시아 해상무역
을 주도한다."

그러나 이것이 장보고 활동의 전부는 아니었다. 이에 못지않게
중요한 활동으로 청자산업을 일으킨 것을 드는 견해가 제기되고 있
다(吉岡完佑, 1979; 崔健, 1987; 강봉룡, 2002b). 청자는 당시 최고의 무
역품이었고, 청자산업은 오직 당에서만 생산이 가능했던 최첨단 하
이테크 산업이었는데, 장보고가 그 청자생산기술을 신라에 이전해
와서 신라를 세계 2번째 청자생산국이 되게 했다는 것이 그 견해의
요체이다. 근래에 해남군 화원면 신덕리 일대에 대규모 '초기청자'
요지군들이 확인되고 있어(국립광주박물관 편, 2000; 목포대 박물관 편,
2002) 장보고가 건설한 청자생산단지일 가능성이 제기되고 있다.

동아시아 해상무역을 주름잡고 대규모 청자생산단지를 조성했
던 장보고는 841년에 염장에 의해 암살당함으로써 활동에 종지부
를 찍었다. 그리고 그에 의해 큰 세력으로 결집되었던 서남해지역
의 해양세력도 해체되었다. 그렇지만 그가 남긴 유산은 이후의 역

사에 하나의 큰 변수로 작용하였다.

Ⅲ. 고대 제주의 해양교류사

1. 고대의 제주, 탐라국

고대의 제주는 탐라국이었다. 문헌에 따라 도이(島夷), 주호(州胡), 섭라(涉羅), 탐모라(耽牟羅), 담라(儋羅), 탁라(托羅), 탁모(托牟) 등으로도 나오지만, 결국 탐라라는 이름으로 정착하였다.

탐라국은 독자적인 건국신화를 가진다. 세 신인(고을나, 양을나, 부을나)이 땅에서 솟아났고, 벽랑국의 세 여인이 새로운 문명(송아지, 망아지, 오곡종자)을 가지고 도래하여 세 신인과 혼인식을 올려 산업을 일으켰으며, 활을 쏘아 일도, 이도, 삼도의 구획을 정하여 나라를 열었다는 것이 신화의 요지이다. 세 신인이 솟아났다는 삼성혈이 제주시 이도동에 전해져 오고, 세 신인과 세 여인이 혼인식을 올렸다는 혼인지가 성산읍 온평리에 전해져 오며, 세 신인이 활을 쏘아 땅을 정했다는 삼사석(三射石)의 기념비가 제주시 화북동에 있어, 제주인에게 이 신화는 단순한 허구를 넘어 살아있는 역사로 간주되어 왔다.

제주도는 구석기시대부터 신석기, 청동기, 철기시대를 거쳐 역사시대에 이르러 문물교류를 광범하게 전개하면서 탐라국으로서의 독자적 위상을 유지하였다. 탐라국은 한반도의 삼한 및 삼국뿐만 아니라 중국 역대 왕조 및 일본과의 교류도 광범하게 진행하였음이 고고학적 유적 유물과 문헌 자료를 통해 확인되고 있다. 이는 제주도가 동아시아 해양의 중요한 거점에 위치했기 때문에 가능한 일이었다.

탐라국은 고려 의종 15년(1161)에 현령관 최척경이 피견되어 고려 군현제의 일부로 편입되기 이전에는 성주와 왕자를 정점으로 하는 독자적 국가 시스템을 유지하면서 발전하였다. 그 이후에도 제주의 토착세력은 성주와 왕자의 칭호를 형식적으로나마 계속 써오다가, 조선 태종 2년(1402)에 성주를 좌도지관으로, 왕자를 우도지관으로 개칭하면서 독립국이던 탐라국의 잔재마저 완전 사라지고 말았다. 이제 이하에서 그런 고대 탐라국의 해양교류사를 개괄해 보기로 하자.

2. 제주의 고대 해양교류사

진시황의 요청으로 불로장생초를 구하러 삼신산을 찾아 항해 길에 나섰다는 유명한 서복 이야기는[21] 제주가 B.C. 3세기 경에 동아시아 해양교류에서 중요한 거점이었음을 시사한다. 서귀포는 '서복이 돌아간 포구'로 전해지고, 서귀포 정방폭포에는 '서복이 이곳을 지나갔다'라는 뜻의 '서복과차(徐福過此)'라는 글씨가 새겨졌노라고 전해지고 있다, 비록 증빙할 수 없는 설화에 불과하지만 이 이야기는 삼성혈 및 혼인지 이야기와 함께 고대 제주의 해양교류사를 논할 때 일단 거론하지 않으면 안 되는 필수 이야기가 되어 있다.

제주의 고대 해양교류사에서 믿을만한 첫 기록은 『삼국지』에 주호(州胡)라는 이름으로 등장한다. 여기에서 주목할 만한 대목은 "배를 타고 중한(中韓)에 왕래하며 교역을 한다."라는 구절이다. '중한' 이란 중국과 삼한의 합칭으로서 일찍이 제주도, 곧 주호가 중국 및 한반도와 해상교류를 전개했음을 전해준다. 이를 뒷받침하는 고고학적 자료도 확인되었다. 산지항 및 용담리 일대에서 출토된 한국

식동검은 한반도와 교역을 전개하였음을 보여주고, 산지항 및 곽
지리에서 출토된 한대의 화폐들과 용담동에서 출토된 철제유물, 그
리고 삼양동에서 출토된 환옥제품 등은 중국의 한나라 및 한군현
과 직간접 교역을 하였음을 보여주는 대표 물증이다. 특히 산지항
에서 출토된 오수전 4매, 화천 11매, 대천오십 2매, 화포 1매 등 총
18매의 화폐와 금성패총 유적에서 출토된 화천 2점 등의 고대 화
폐는 기원 전후시기에 제주에서 동아시아 문물교역의 결재가 이루
어졌음을 보여준다.

　기록상 탐라국이 처음 공식적인 외교관계를 맺은 나라는 백제
였다. 백제 문주왕 2년(476)에 "탐라국이 백제에 사신을 보내 방물
을 바치자 문주왕이 기뻐하며 사자에게 은솔의 벼슬을 주었다"는
기록이 그것이다.[22] 은솔은 백제 제3위의 고위 벼슬이다. 이후 백
제와의 관계는 우여곡절을 겪게 된다. 탐라가 공부를 바치지 않자
백제 동성왕이 498년에 탐라 정복에 나서 탐라로부터 공부를 바치
겠다는 약속을 받아냈다는 기록,[23] 그리고 508년에 무령왕이 탐라
국과 처음으로 통교하였다는 기록 등이[24] 있는 것으로 보아, 백제
와 탐라 사이의 교류는 상당한 곡절을 겪으면서 진행되었다는 것을
알 수 있다.

　탐라가 백제와 종속적 교류의 관계를 맺었음은 다른 기록을 통
해서도 확인할 수 있다. 고구려 문자왕은 504년에 북위에 사신을
보내 섭라[탐라]가 백제에 복속되어 섭라에서 산출되는 가옥(珂玉)을
바치지 못하게 되었음을 변명하는 기록이 있다.[25] 또한 589년에
수나라의 전선 한척이 탐모라국[탐라국]에 표류하였을 때 백제의 위

---

22) 『삼국사기』 권26, 백제본기4, 문주왕 2년 4월조.
23) 『삼국사기』 권26, 백제본기4, 동성왕 20년 8월조.
24) 『일본서기』 권17, 계체천황 2년 12월조.
25) 『삼국사기』 권19, 고구려본기7, 문자왕 13년 4월조.

덕왕이 수의 표류선에 대하여 편의를 제공하고 송환에 앞장섰다는 기록도[26] 백제와 탐라국의 관계가 6세기 말까지 유지되었음을 보여준다.

그러나 나당군사동맹이 본격적으로 가동되는 660년대에 들어서게 되면 탐라국은 백제보다는 당나라와 신라, 그리고 일본(왜)과의 관계에 적극 나서게 된다. 먼저 탐라국은 용삭 연간(661~662)에 당에 사신을 파견하여 입조하였고, 인덕 연간(664~665)에는 추장이 직접 입조하여 당 황제를 따라 태산에 이르렀다고 전한다.[27]

이즈음에 신라와도 긴밀한 관계를 맺었던 것으로 나타난다. 662년에 탐라국주 좌평 도동음율(徒冬音律)이 직접 신라에 찾아가 항복하여 신라의 속국이 되었다는 것이 그것이다. 탐라국주가 좌평이라는 백제의 최고관등을 칭했다는 것은 그 이전까지는 백제에 신속했다는 것을 의미하는 것으로, 662년의 시점에 이르러 탐라가 신속관계를 백제에서 신라로 바꾸었음을 알 수 있다.

탐라는 일본과도 관계를 맺고 유지하였다. 탐라국은 661년 일본에 처음 사자를 보내 통교를 시작한 이후[28] 양자 사이에는 665년, 674년, 685년, 688년, 693년에 사신 왕래가 계속된 것으로 나타난다. 일본에 내왕한 탐라의 인사들을 보면 국왕과 왕자와 좌평 등 최고위급 계층이 주를 이루고 있어 탐라가 일본과의 관계에 상당한 정성을 기울였음을 알 수 있다.

이에 신라는 위기감을 느꼈을 법하다. 신라는 당과 나당군사동맹을 체결하여 660년 백제 사비성을 함락시키고 663년에 백제와 일본 연합군을 백촌강 해전에서 제압하였으며, 668년에 는 고구려

---

26) 『삼국사기』 권27, 백제본기5, 위덕왕 36년조.
27) 『신당서』 열전145, 동이전.
28) 『일본서기』 권26, 제명천황 7년 5월 23일조.

를 멸망시켰지만, 곧이어 동맹국인 당나라와 전쟁을 치르지 않으면
안되었다. 676년에 나당전쟁을 승리로 이끌어 당군을 축출하는데
성공하였지만, 신라는 당과 일본을 모두 적으로 상대하지 않으면
안 되는 버거운 상황이었다. 바로 이러한 시기에 일본과 지속적으
로 관계를 지속해간 탐라국의 행태는 신라에게 상당한 압박이 되었
을 것이다. 이에 신라의 문무왕은 679년에 군사를 내어 탐라를 경
략하기에 이르렀고,[29] 결국 탐라는 신라에 다시 신속하여 801년에
신라에 사신을 파견하여 조공을 바치기에 이르렀던 것이다.[30]

　이렇듯 탐라국은 7세기 후반 삼국(고구려, 백제, 신라)과 당, 그리고
일본 사이에 폭발한 '동아시아대전'의 와중에서 어느 한 나라에 치
우치지 않고 다각적 외교관계를 맺으며 세력의 유지와 발전을 추구
하였지만, 8세기 말~9세기에 이르러 결국 신라에 주로 의존하면서
세력을 유지하는 방향으로 외교관계를 선회했음을 알 수 있다.

---

29) 『삼국사기』 권7, 신라본기7, 문무왕 19년조..
30) 『삼국사기』 권10, 신라본기10, 애장왕 2년 10월조.

:: 참고문헌 ::

강봉룡, 『장보고-한국사의 미아 해상왕 장보고의 비밀』, 2004.

강봉룡, 『바다에 새겨진 한국사』, 한얼미디어, 2005.

강봉룡, 『바닷길로 찾아가는 한국고대사』, 경인문화사, 2016.

권덕영, 『고대한중외교사-견당사연구』, 일조각, 1997.

권덕영, 『신라의 바다 황해』, 일조각, 2012.

김창석, 『한국 고대 대외교역의 형성과 전개』, 서울대출판부, 2009.

서영교, 『나당전쟁사연구』, 아세아문화사, 2006.

윤명철, 『바닷길은 문화의 고속도로였다』, 사계절, 2000.

윤명철, 『한국해양사』, 학연문화사, 2003.

윤재운, 『교류의 바다 동해』, 경인문화사, 2015.

이성시·김창석 역, 『동아시아 왕권과 교역-신라·발해와 정창원보물』, 청년사, 1999.

정진술, 『한국의 고대 해양교통로』, 한국해양전략연구소, 2009.

최근식, 『신라해양사연구』, 고려대출판부, 2005.

한국해양사편찬위원회, 『한국해양사I-선사 고대편-』, 한국해양재단, 2013.

제주사정립사업추진협의회, 『탐라사I-개설서』, 2010.

해양문화의 보고, 제주바다

우리나라의
고대 선박과 항해술

이상훈
(한국국제대학교 동북아협력연구소 연구교수)

| 우리나라의 고대 선박과 항해술

우리나라의
고대 선박과 항해술

I. 해양력의 확대 필요성

우리나라는 반도 국가이다. 동아시아 지도를 놓고 조금 더 자세히 살펴보면 대륙으로는 중국과 러시아가 경계해 있고 현실적으로는 이를 직접 국경으로 접하고 있는 것은 북한이다. 한반도를 감싸안은 동해, 서해, 남해 밖으로는 중국과 일본열도가 다시 둘러싸고 있어 대양과는 직접 연결되지 않으며 마치 지중해 가운데 있는 느낌이다. 일찍이 최남선은 『한국해양사』의 서문에서 조선이 바다를 잃어버린 후 민족의 위대한 기상이 없어졌고, 나라와 인민을 가난하게 하였으며, 문약(文弱)에 빠져버리게 되었다고 하면서, '반도국민 임해국민으로서 잊어버린 바다를 다시 생각하여 잃어버렸던 바다를 도로 찾아서 그 인식을 바르게 하고 그 자각을 깊이하고 또 그 가치를 발휘하고 그 지위를 바루는 것'이 국가 민족의 백년대계의 튼튼한 기반을 놓는 것이요 건국 과업이라고 설파하였다.

과연 현재 우리는 바다 이외에는 뻗어나갈 길이 특별히 보이지 않는다. 그래서 최근 곳곳에서 '해양국가'임을 강조하고 있다. 그러나 실제 대한민국 정부수립 후 70여 년이 지난 오늘날까지 많은 분야에서의 진전이 있기는 했지만 최남선이 주장한 건국 과업이 순조롭게 실현되어 왔다고는 말하기 어려울 것이다. 지금이라도 바

다를 잘 이해하고 적극적으로 활용하려는 노력과 풍조가 확산되
어야 주위 강국들로부터 탈출하여 한층 도약할 수 있을 것이다.

Ⅱ. 항해를 위한 해양 환경

항해와 선박에 관련된 여러 가지 기술은 지정학적인 요소와 함
께 바람, 태풍, 안개와 같은 기상(氣象) 조건, 조류 · 해류 · 수심과 같
은 해상(海象) 조건의 영향을 크게 받는다. 조류와 바람은 자연스럽
게 일정한 흐름을 형성하게 되며 이를 기본으로 선사시대 이래 항
로가 개척되었다.

한반도를 둘러싼 해류의 흐름은 연안류와 쿠로시오(黑潮) 해류
를 들 수 있다. 쿠로시오는 바람의 영향으로 형성된 난류에 해당
하며 대만의 동쪽에서 시작하여 150~60해리(1해리=1,852m)의 폭
과 0.5~2.5노트(1kn=
1,852m/h)의 유속을 가
진다. 오키나와 북쪽
에서 이 쿠로시오의 지
류가 남해안을 따라 흘
러 대한해협을 통과하
며 약하나마 제주도에
서 분기하여 황해난류
가 되어 북상하기도 한
다. 또한 한반도와 일
본열도 주변에서는 이
쿠로시오의 반류(反流)
가 형성되어 항해에 이

01 | 쿠로시오해류

용된다. 연안류로는 동해안의 북한한류가 있는데 영일만 부근에서 용승현상을 일으켜 이 지역은 심한 안개가 자주 발생한다. 서해안의 황해난류와 중국 연안의 연안류는 평균 유속이 0.1노트에 불과하다. 조류는 서해안과 남해안에서 나타나 밀물 때 서쪽으로, 썰물 때 동쪽으로 흐르며 1.5~2.5노트의 유속을 유지한다. 따라서 외해에는 해류가 강하고 연안에서는 조류의 영향이 강하다. 고대 중국과의 항로는 이 영향 아래서 개척되었다.

바람은 1년을 주기로 변화하는데 동절기인 11월부터 이듬해 3월까지는 한국과 일본에 북서계절풍이, 대만과 동남중국해에는 북동계절풍이 강하게 분다. 하절기인 6월에서 8월에는 남동계절풍과 남서계절풍이 약하게 분다. 바람을 이용한 항해에서는 계절풍의 교대기인 4월과 10월을 이용하였다. 왜구의 약탈은 대체로 4월의 남풍과 남동풍을 이용한 예이다.

고대의 항해술은 시인거리(視認距離) 연안항해, 정방향(正方向) 대양항해, 자연 현상 이용항해로 나누어진다. 시인거리 연안항해는 가장 전통적인 항해술이며 조난을 피하기 위해 주로 주간에 이루어졌다. 그러나 이는 원거리항해 시 시간이 오래 걸리며 대양항해는 할 수 없었기 때문에 점차 이를 극복하기 위한 항해술이 등장하게 되었다. 주간에는 태양, 야간에는 달이나 북극성 등을 기준으로 삼아 방위를 식별하고 정방향으로 항해하는 것이다. 다음으로 선원들은 오랜 경험을 바탕으로 바다새의 움직임, 수평선의 구름, 바다의 물빛, 너울의 형태 등을 이용하여 육지와의 거

02 | 복원된 사남(司南)

리를 가늠하는 항해술을 구사하였다.

항해술의 발전에 획기적 변화를 가져온 것은 나침반의 사용이라고 할 수 있다. 중국에서는 11세기경부터 나침반이 사용되었는데 이에 따라 고려-송 사이에는 나침반을 이용하게 되자 정방향 항해 뿐만 아니라 출발지와 목적지를 직선으로 연결한 사단항해(斜斷航海)와, 일기와 무관한 전천후 항해가 가능하게 되었다. 또한 항로 설계를 통한 정량적 항해, 경험이 부족한 선원의 항해도 가능해졌다.

03 | 고대의 한중 주요 항로

이러한 원거리 항해는 주로 중국과의 교역이나 사행(使行) 등에 이용되었다. 대체로 고려시대 이전에는 발해만의 연안을 따라 항해하거나 황해도 앞쪽에서 산동반도로 건너는 시인항해가 주를 이루었으며, 고려시대에 이르러서는 정방향 항해술에 의한 한반도 남부의 항로가 개척되었다.

04 | 장보고 해상교역로

한편 일본과의 항해는 주로 해류와 바람을 이용하였는데 대체로 남해안에서 대마도까지 약 3노트 내외의 속도로 항해하여 11~17시간의 항해 끝

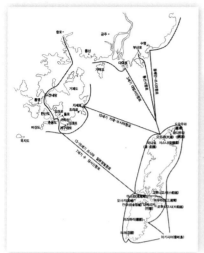

05 | 대일본 쓰시마 항로

06 | 대일본 서남항로

에 목적지에 도달하였다.
발해 역시 동해안을 따라
일본과 해상항로를 개설
하고 사신이 내왕하였다.
한편 연안 항로는 주
로 세곡의 운반을 위한 조
운선의 항로였으며, 곳곳
에 조곡을 저치하고 선적
하는 조창(漕倉)을 개설하
였다. 남해안과 서해안은
조수 간만의 차가 클 뿐만

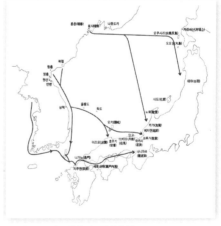

07 | 고구려, 발해의 대일본 항로

아니라 복잡한 해안선이 펼쳐져 있어 항해가 매우 까다로웠다. 통
영 앞의 착량(鑿梁, 판데목), 해남 우수영 앞의 명량(鳴梁, 울돌목) 서해
안면도의 안흥량(安興梁, 難行梁), 김포 손돌목(孫突項), 황해도 장산곶
(長山串) 등이 난파가 잦기로 악명이 높은 곳이었다.

Ⅲ. 한선의 특징과 종류

조선기술은 특히 항해 환경에 적응하여 발전하게 된다. 대체로 선박의 발달은 추진동력에 따라 노선시대(櫓船時代), 범선시대(帆船時代), 기선시대(機船時代)로 나눌 수 있는데 주로 서양의 선박 발달에 초점이 맞추어져있다고 할 수 있다. 우리나라의 전통선인 한선(韓船)은 대체적으로 이 범주에 의하면 범선시대에 해당하나 원양항해를 위한 선박이 아니었기 때문에 바로 적용하기는 어렵다.

원양항해를 위해서는 대체로 선체의 횡단면이 V자에 가까운 형태를 띠나 한반도의 서남해안은 조수간만의 차이가 크고 항구로 적당한 곳이 많지 않았던 까닭에 이러한 첨저형의 선박 대신 선체횡단면이 U자에 가까운 평저선이 발달하였다. 평저선은 항해시 좌초에 의한 난파의 위험이 낮고 썰물 시 갯벌에 얹혔다가 물이 들면 출항이 가능한 장점이 있다.

한선은 대체로 통나무배로부터 발전해 왔으며 평저선의 구조는 뗏배에서 전통을 이었다고 한다. 평평한 바닥은 판재를 이어 붙여 장삭(長欒)으로 만들었으며, 선수와 선미도 평면으로 만든 방형을

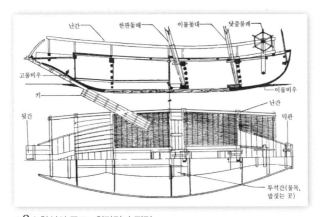

08 | 한선의 구조-횡단면과 평면

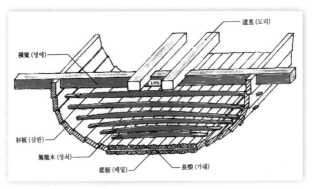

09 | 한선의 구조-종단면

유지한다. 배의 내부구조에서도 중국의 배와는 달리 늑골이나 횡격벽이 없다. 일부 예외도 있으나 횡강력을 보강하기 위해 가룡목을 사용하여 보강하였다. 외판 역시 홈박이붙이라는 독특한 방식으로 연결되어 있다. 판재도 다른 나라의 선박보다 두터운 경향을 띤다. 이는 견고할 뿐 만 아니라 배의 부분 보수에도 유리한 점이 있다. 배의 방향을 조종하기 위해서는 선미의 축판 아래 치(鴟 또는 舵)를 수직으로 꽂았다. 돛은 사각의 면포나 삿자리로 만들었다.

대다수 선박연구자는 이런 선박의 특징이 우리 고유의 뗏목으로부터 발전했다고 하나, 다양한 선박이 건조되었던 중국과의 오랜 기간 교역을 통해 일부 영향이 있었을 것으로 생각된다. 그러나 전반적으로는 한반도의 해안에 적응하여 연안항해에 주로 이용되는 방향으로 발전해왔다고 할 수 있을 것이다.

한선의 종류를 살펴보면 가장 오랜 전통을 가진 단순구조의 배로 뗏배를 들 수 있다. 그리고 내륙의 하천 나루나 바다의 포구에는 거루(艍舠, 鼻居刀)가 있었다. 크기는 4~5m 정도로 소하물 운반, 해조류 채취, 군선(軍船)의 자선으로 사용되었다. 한 두 사람이 타는 작은 어로용 선박으로 매생이(丁尙)도 있다. 크기 7~8m의 가까운

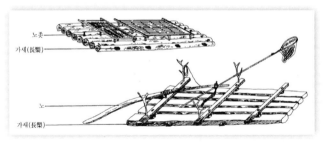

10 | 뗏목 명칭

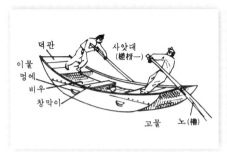

11 | 거루 명칭

12 | 매생이

13 | 야거리

14 | 당두리

바다를 운항하며 화물이나 어물을 실어 나르는 운반선으로 야거리
가 있다. 돛대를 하나 세우고, 사각의 돛을 달았다. 야거리보다 큰
배로 14~16m에 이르는 배로는 당두리가 있다. 당두리는 돛대를

두개 세우고 사각돛을 달았다. 연안을 따라 장사를 하거나 고깃배
로 사용하였다.

Ⅳ. 한선의 기록과 유물

1. 선사시대의 선박 자취

한반도에서 가장 오랜 선사시대 선박의 자취는 신석기시대인
3,000년 전 유적지인 함북 서포항의 조개무지에서 발굴된 고래뼈

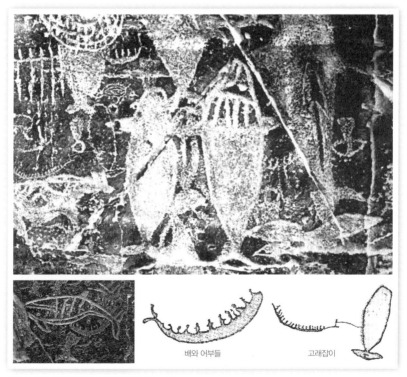

배와 어부들   고래잡이

15 | 반구대암각화의 고래잡이와 배 그림

노라고 한다. 그 뒤를 잇는 것으로는 청동기시대 유적인 울산의 반구대 암각화를 들 수 있다. 암각화 속에는 큰고래를 사냥하는 4척의 배가 새겨져 있다. 선박연구가의 주장은 큰 배에 18명 정도가 승선한 것으로 추정되며 배의 길이는 10m 이상, 단순한 통나무배가 아닌 통나무배 위에 판자를 덧댄 약간의 구조를 갖춘 배로 추정하고 있다.

이외 실제 배가 출토된 것은 8,000년 전의 소나무로 만들어진 배와 노가 발굴된 비봉리 유적이 있다.

16 | 비봉리 출토 목선

17 | 비봉리 출토 노

2. 가야~통일신라의 배

가야와 삼국시대에는 여러 가지 토기에서 당시의 배 모습을 상상할 수 있다. 대체로 통나무배의 형태를 띠며 부장품으로 출토된 것들이다.

18 | 호림박물관 소장 가야 주형토기

19 | 금령총 주형토기(1)

20 | 금령총 주형토기(2)

21 | 안압지 출토 목선

그리고 1975년 안압지 발굴에서는 통일신라시대의 통나무배가 발굴되었다. 이 배는 3개의 통나무를 잇대어 만든 실물 배이다.

3. 고려시대 선박

고려시대의 선박은 여러 개체가 실제로 수중발굴 되어 그 실상을 알 수 있다. 완도선과 달리도선과 같이 우리나라에서 발굴된 선박, 봉래 3호선과 같이 중국에서 발굴된 선박이 있다. 이외 구리거울에도 고려시대 항해하는 배의 모습이 새겨져 있다.

우리나라의 배는 아니지만 신안 해저에서 발굴된 배와 이곳에

22 | 완도선(11세기 후반~12세기)

23 | 달리도선(13~14세기)

24 | 봉래 3호선의 발굴(13세기 후반)

25 | 황비창천명 고려동경

26 | 여원 원정군의 군선-〈몽고습래회사〉(부분)

실린 여러 가지 상품들, 목제 물표, 화폐 등은 당시의 교역 규모를 짐작할 수 있게 한다. 아울러 이 시기는 원과 합동으로 일본에 원정군을 보내기도 하고 삼별초군의 항쟁과 토벌 활동, 왜구의 침입을 막기 위한 화포의 발명과 함께 다양한 군선의 건조가 시도되었던 기록이 있다.

표 01 | 국립해양문화재연구소에서 발굴 조사한 고려시대의 배

배이름	특징	시대	발굴시기
1 완도선	고려청자 3만여 점과 선상생활용품 발굴	11세기 후반 ~12세기	1984
2 달리도선	날렵한 형태	13~14세기	1995
3 십이동파도선	고려청자 8천여 점 발굴 저판과 외판 접합 L자형 구조임	11세기	2004
4 안좌도선	뱃머리와 뒷부분의 구조 확인	14세기 후반	2005
5 대부도선	고려청자 37점 발굴 저판재와 외판재 일부만 확인	12~13세기	2006
6 태안선	외판재 일부만 발굴 목간 30여 점과 2만5천여 점의 고려청자	12세기	2007
7 마도1호선	7열의 저판이 있으며, 뱃머리 부분을 알 수 있어 고려시대 선박 복원에 중요한 단서 제공 목간 69점과 청자 및 도기류 4백여 점 발굴	1208년	2009~2010
8 마도2호선	7열의 저판 구조 도자기류 140여 점 발굴	12세기 후반	2010
9 마도3호선	삼별초가 적힌 목간 등 35점, 도자기류 90여 점, 금속류 60여 점 발굴 배의 저부가 거의 완전히 남아 있고, 선미로 갈수록 좁아지는 구조	1265~1268년 경	2011

4. 조선시대 선박

조선시대는 다양한 선박이 건조되고 활용된 기록이 남아있다. 그러나 오히려 실물로 발굴되거나 남아있는 선박은 없다. 국가에서 활용하던 대형선박으로는 군선(軍船)으로 판옥선과 거북선, 사행선(使行船)으로 통신사선, 화물선으로 조운선의 그림이 남아 있으며, 궁실의 행차에 사용된 배다리의 그림, 선상에서의 연회도, 풍속화 속의 다양한 배그림으로부터 조선시대 배의 모습을 짐작할 수 있을 뿐이다.

27 | 판옥선도(각선도본)

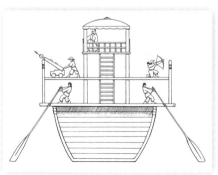

28 | 판옥선의 종단면

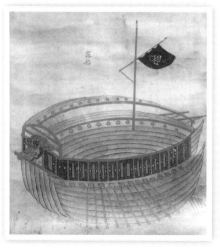

29 | 통제영 거북선

30 | 전라좌수영 거북선

31 | 통신사선

32 | 복원된 조운선 모형

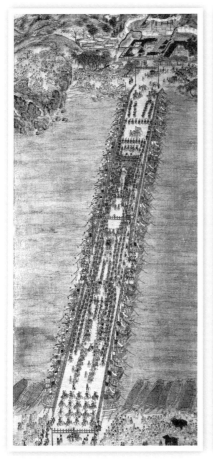

33 | 한강주교도(정조의 화성 능행)

34 | 평양감사 부임도(담와 홍계희 평생도)

35 | 평양감사연회선 이미지(평양감사 월야선유)

36 | 유운홍 필 조운선도   37 | 우진호 필 경직도

38 │ 나룻배(단원풍속화첩)

39 │ 선유도(혜원풍속화첩)

40 │ 어선(단원풍속화첩)

V. 제주도의 공마 수송

조선시대 해양을 통한 교역이나 사행에 소극적 태도를 보이면서 공식적으로 국가에서 타국에 선박을 보낸 것은 일본에 통신사행을 포함하여 20회를 넘지 않는다. 따라서 조선시대 선박은 원양 항해와는 거리가 멀었고 연안 항해에 주로 특화되었다. 이에 따라 제주도를 왕래하는 것이 가장 긴 항로였다고 할 수 있다. 특히 제

표 02 | 제주공마의 종류와 마필수

시기별 분류	공마 종류	마필수匹		출전
年例貢馬 (268필)	歲貢馬	200		『耽羅地圖』序 (숙종 35 : 1709)
	三名日進上馬	正朝 20	60	
		冬至 20		
		誕日 20		
	年例進上馬	8		
式年貢馬 (300필)	式年貢馬	200		『濟州三邑誌』 (숙종 17 : 1793)
	御乘別馬	20		
	差備進上馬	80		
不定期	遞任馬	牧使 · 判官 각 3	10	『濟州邑誌』
		大靜 · 旌義縣監 각 2		
	駑駘馬	10(뒤에 20)		
	凶咎馬	10		
年例貢馬 (268필)	進上馬	正朝 20	60	『耽羅誌草本』 濟州牧 貢獻
		誕日 20		
		冬至 20		
	年例進上馬	8		
	歲貢馬	200		
式年貢馬 (280필)	差備馬	60		
	甲馬	200		
	別御馬	20		
不定期	遞任進上馬	2		
間年	監牧官上馬	2		

표 03 | 濟州歲貢馬

馬種			毛色	馬匹數
騮馬	유웅마	騮雄馬	적갈색의 유마 수말	64두
	유항상백모웅마	騮項上白毛雄馬	머리 위에 흰털이 있는 유마 수말	1
	유거할웅마	騮巨割雄馬	입부리가 흰 유마 수말	5
	유사족백웅마	騮四足白雄馬	네 다리 끝이 흰색의 유마 수말	1
	유소태성후 이족백웅마	騮小台星後 二足白雄馬	후지 끝이 희고 이마에 작은 흰 반점을 가지는 유마 수말	1
赤多馬	적다웅마	赤多雄馬	붉은색 수말	54
	표적다웅마	表赤多雄馬	은빛 갈기에 붉은색 수말	8
	적다비말백웅마	赤多鼻末雄馬	코 끝에 흰 반점이 있는 붉은색 수말	1
	적다사간자웅마	赤多絲看者雄馬	콧등에 가늘은 흰줄이 있는 붉은색 수말	1
	적다사간자웅마	赤多斜看者雄馬	콧등에 가늘은 비틀어진 흰줄이 있는 적다수말	1
烏騮雄馬	오유웅마	烏騮雄馬	칠흑색의 유마 수말	25
加羅雄馬	가라웅마	加羅雄馬	검은색의 수말	25
古羅雄馬	고라웅마	古羅雄馬	등에 검은 줄이 있는 황갈색 수말	9
公骨雄馬	공골웅마	公骨雄馬	담황백색의 수말	3
烟雪呵雄馬	연설아웅마	烟雪呵雄馬	백색의 수말	1
합계				200

자료 : 『濟州出來後歲貢馬』(규장각 소장)

주 목장에서 기르는 말을 육지에 공급하기 위한 공마 수송은 가장 어려운 항해였다고 할 수 있을 것이다.

1700년대 기록을 바탕으로 제주 공마의 종류와 수량을 계량화한 통계에 의하면 조선시대 공마의 연간 소요량은 상당하여 매년 200필에서 300필을 육지로 운송하였다.

이러한 제주 공마의 공출 및 소송을 위해서는 제주 내 각 지역에서 공마를 모아 점고하는 것이 하나의 큰 행사였으며, 이를 운반

하기 위한 선박을 징발하여 공마를 정기적 내지는 부정기적으로 운
송하였다.

표 04 | 정조 19년(1795) 공마선의 크기와 공마수송 내용

선장 (沙工)의 이름	배의 크기 (파, 把)	공마의 고분 및 필수												계
		연년 례例 마馬	별別 어御 승乘 마馬	정正 조朝 마馬	동冬 지至 마馬	탄誕 일日 마馬	흉凶 구咎 마馬	노駑 태駘 마馬	차差 비備 마馬	공貢 마馬	대大 징徵 마馬	우牛 도島 별別 둔屯 마馬	산山 둔屯 마馬	
백태영 (白太英)	6파반	1	2	2	2	2	2		5	12		1	11	40
한순재 (韓順才)	6파반	1	1	1	1	1	1		5	14		1	14	40
이봉하 (李奉夏)	4파반	1	1	1	1	1	1		5	10		1	8	30
김태경 (金太京)	4파반	1	1	1	1	1	1		1	10	1	1	6	25
고세태 (高世太)	4파반	1	1	1	1	1	1		4	7	1	1	8	27
신인부 (申仁富)	5파	1	1	1	1	1	1		4	12		1	11	34
윤태은 (尹太恩)	4파반	1	1	1	1	1	1		4	9		1	10	30
이동 (李東)	5파	1	1	1	1	1	1		4	12		1	11	35
장보청 (張甫淸)	4파반													36
고순창 (高順昌)	4파		1	1	1	1		1	4	9	1	1	8	28
이항보 (李恒寶)	4파반		1	1	1	1		1	4	10				29?
계														351

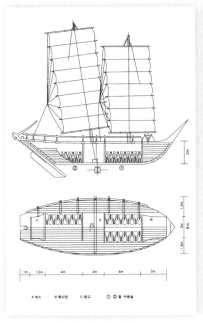

41 | 貢馬船 想像圖(五把 기준)

42 | 산장구마(탐라순력도)

43 | 명월조점(탐라순력도)

44 | 우도점마(탐라순력도)

45 | 공마봉진(탐라순력도)

::참고문헌::

1. 단행본

해군본부전사편찬관실, 『한국해양사』, 해군본부전사편찬관실, 1954(해군본부
영인복간, 2004).

김재근, 『조선왕조군선사연구』, 일조각, 1977.

김재근, 『한국선박사연구』, 서울대학교출판부, 1984.

김재근, 『속한국선박사연구』, 서울대학교출판부, 1993.

이원식, 『한국의 배』, 대원사, 1990.

정진술, 『한국의 고대 해상교통로』, 한국해양전략연구소, 2009.

남도영, 『제주도 목장사』, 한국마사회 마사박물관, 2003(개정판).

국립제주박물관 편, 『항해와 표류의 역사』, 솔, 2003.

국립해양유물전시관, 『바다로 보는 우리 역사』, 예맥, 2003.

국립해양문화재연구소·목포대학교 도서문화연구원, 『고려의 난파선과 문화사』,
국립해양문화재연구소, 2011.

일본사학회, 『아틀라스 일본사』, 사계절, 2011.

金秋鵬, 『中國古代的造船和航海』, 中國青年出版社, 1985.

李成市, 『東アジアの王權と交易』, 김창석, 『동아시아의 왕권과 교역 –신라·발해와
청창원 보물』, 청년사, 1999.

庄司邦昭, 『圖說 船の歷史』, 河出書房新社, 2010.

Robert Temple, *The Genius of China: 3,000 Years of Science,
Discovery & Invention*, 과학세대, 『그림으로 보는 중국의 과학과 문
명』, 까치글방, 2009(개정판).

2. 도록

국립중앙박물관, 『조선시대통신사』, 삼화출판사, 1986.

국립중앙박물관, 『국립중앙박물관 한국서화유물도록(11)』, 국립중앙박물관,
2001.

국립해양문화재연구소, 『조선시대 그림 속의 옛배』, 국립해양문화재연구소,
2010.

국립해양문화재연구소, 『해양유물전시관 안내』, 국립해양문화재연구소, 2013.

국립제주박물관, 『한국의 말 시공을 달리다』, 국립제주박물관, 2014.

국립해양문화재연구소, 『해상교류를 통해 본 서남해 지역의 바닷길』, 국립해양문
　　화재연구소, 2014.

Iain Dickie · Martin J · Phyllis J · Jestice · Christer Jörgensen · Rob S.
　　Rise, *Fighting Techniques of Navel Warfare*, 한창호, 『전략,
　　전술, 무기, 지휘관 그리고 전함 해전의 모든 것』, Human & Books,
　　2010.

R.G.Grant, *Battle at Sea: 3,000 Years of Navel Warfare*, 조학제, 『해
　　전 3,000년』, 해군본부, 2012.

朝日新聞社西部企劃部, 『はるかなる千年の歷史 平戶 · 松浦家名寶展』, 求龍堂,
　　2000.

熊本縣立美術館, 『蒙古襲來繪詞展』, 熊本縣立美術館, 2001.

國立歷史民俗博物館, 『東アジア中世海道 海商 · 港 · 沈沒船』, 每日新聞社. 2005.

해양문화의 보고, 제주바다

조선시대 해양유민의 사회사
: 15~17세기 섬을 떠난 제주사람들

이영권
(제주역사교육연구소장)

조선시대 해양유민의 사회사
: 15~17세기 섬을 떠난 제주사람들

I. 강의를 시작하며

국가주의 역사서술은 역사인식을 도식적으로 만든다. 모든 것을 중앙정부의 관점에 맞춰 재단하고 규정짓는다. 기존의 중세사 서술이 중앙 중심, 농업경제 중심, 육지 중심으로 이뤄진 것도 그 때문이다.

반면 변방에도 사람이 살았다. 삶이 있는 만큼 역사가 존재한다. 하지만 이를 중앙 중심적 역사 틀로만 바라볼 경우 오류를 빚을 수도 있다. 제주의 중세사가 이를 잘 보여준다. 제주의 중세사는 농업경제가 아니라 상업교역 경제, 육지가 아니라 바다를 중심 무대로 기술해야 할 부분이 많다.

알프레드 세이어 마한(Alfred Thayer Mahan)은 "역사가는 대체로 바다의 사정에 어둡다. 왜냐하면 그들은 바다의 영향에 관해 특별한 관심이나 지식도 가지고 있지 않기 때문이다. 따라서 그들은 해상력(maritime strength)이 중요한 문제에 대해 결정적이고 심오한 영향을 주었다는 사실을 가볍게 보아 넘겨 왔다"[1]라며 해양으로의

---

1) 알프레드 세이어 마한(Alfred Thayer Mahan), THE INFLUENCE OF SEA POWER UPON HISTORY 1660~1783; 김주식 옮김, 『해양력이 역사에 미치는 영향』 1, 책세상, 1999, p.5.

관심 전환을 촉구했다. 주강현도 "바닷가 변방에 대해 새로운 가치를 부여하는 것 역시 '생각의 반란'이 필요한 일"[2]이라며 발상의 전환을 주문했다.

이 글은 바로 그런 바다 사람들에 주목한다. 제주도는 고대 탐라시대부터 활발한 해상활동을 벌였던 지역이다.[3] 해양 국가는 취약한 토지생산을 보충하기 위해 바다를 통한 대외교역과 유통에 관심을 가지게 된다.[4] 제주도 역시 그랬다. "탐라는 지질이 척박하고 백성들이 가난하여, 해산물 채취와 배타는 것으로 생계를 도모하고 있습니다"[5]라는 『고려사(高麗史)』의 기록에서 보듯이 취약한 토지생산성 때문에 일찍부터 교역에 나설 수밖에 없었다.

고려 후기 원나라 지배기 이후에는 주된 교역물이 말(馬)로 바뀌었다. 하지만 말(馬) 교역을 경제기반으로 삼았던 여말선초 제주사람들은 조선 건국 후 정부에 의해 말(馬) 교역이 통제 당하자 난관을 겪게 된다. 그래서 또 다른 삶의 활로를 찾아 바다로 진출했다. 소위 '포작인(鮑作人)' 혹은 '두무악(頭無岳)' 등으로 불렸던 해양유민(海洋流民)들이 바로 이들이다.

15세기부터 17세기에 집중해서 살핀 이유는 유독 이 시기에 많은 제주사람들이 제주섬을 떠나 남해안 등 한반도 해안 지방에서 유랑했기 때문이다. 이것은 『조선왕조실록』에 이와 관련된 기사가 그 시기에만 집중되는 것을 통해 알 수 있다.

이들은 중앙의 역사, 육지 중심 역사에서는 조명 받지 못했던 존재들이다. 이들은 비록 타의에 의해 섬을 떠났지만, 섬 안에 갇혀

---

2) 주강현, 『제국의 바다 식민의 바다』, 웅진지식하우스, 2005, p.5.
3) 진영일, 『고대 중세 제주역사 탐색』, 보고사, 2008, p.25.
4) 박종기, 『새로 쓴 5백년 고려사』, 푸른역사, 2008, p.32.
5) 『高麗史』 권8, 세가, 문종 12년(1058) 8월 乙巳(耽羅 地瘠民貧 惟以海産 乘木道 經紀謀生).

체념하며 살아갔던 사람들과는 달랐다. 자신들을 떠밀었던 상황에 맞서 섬 밖 바다로 나가 새로운 삶을 개척했던 중세 제주의 바다사람들이었다. 이들에 대한 강의를 통해 소외 받고 무시되었던 변방의 역사, 해양의 역사를 드러냄으로써 중세 조선사회를 다양한 모습으로 복원하고 그 내용을 풍부하게 채우고자 한다.

II. 유민 발생의 시대적 배경

1. 조선 전기 제주 경제구조의 변화

조선시대 제주사람들의 생업은 무엇이었을까? 농업이라고 생각하기 쉽지만 그렇지 않다. 근대 화학비료가 들어오기 전까지 제주의 토질로는 자급자족이 불가능한 상태였다.

이를 밝히기 위해『조선왕조실록』에서 제주의 생업을 설명하는 기사를 대부분 뽑아냈다. 그리고 그것을 시기 순으로 나열하여 생업수단의 변화를 살폈다. 물론 조선 이전 시대부터 살핀다.

배를 타고 왕래하며 중한(中韓)에서 무역한다.[6]

오래 전 탐라국 시대부터 제주섬 사람들은 배를 타고 나가 외부 세계와 교역을 통해 생존을 도모할 수밖에 없었다. 여러 고고학적

---

6)『三國志』魏書 東夷傳 韓條 州胡(乘船往來 市買中韓). 이 기사의 대상인 주호(州胡)는 제주도가 아닐 수도 있다. 하지만 여러 선학들이 제주도로 비정하여 검토하고 있기에 필자도 그를 따랐다. 자세한 내용은 고창석 편,『耽羅國史料集』, 신아문화사, 1995, p.238 참고.

성과가 이를 증명하는데[7] 특히 이때의 해양교역은 1928년 제주시 산지항 축조 공사 당시 발견된 한(漢)나라 시대 화폐(貨幣) 유물을 통해서 확인할 수 있다.[8] 하지만 여기서는 왜 해양으로 나가야 했는지, 그리고 어떤 품목을 가지고 가서 교역했는지는 나타나 있지 않다.

그 다음 찾을 수 있는 기록은 고려초기의 생업수단을 보여주는 기사다. 고려시대 정사(正史)라 할 수 있는 『고려사』에는 다음의 기록이 나온다. 고려 문종 12년(1058)의 기사다.

> 탐라는 지질이 척박하고 백성들이 가난하여, 고기잡이와 배타는 것으로 생계를 도모하고 있습니다.[9]

이 기록에는 해양으로 나갈 수밖에 없었던 이유가 나온다. 제주도는 한반도의 상식과는 다르게 농업이 주된 산업기반이 아니었다. 지질이 척박했기 때문이다. 고기잡이와 배타는 것, 다시 말해 해산물 채취와 채취한 해산물의 해상교역으로 먹고 살았음을 말해주고 있다. 이러한 산업구조는 조선시대로도 이어졌다. 취약한 토지생산성은 사회변화와 무관하게 쉽게 바뀌지 않기 때문이다.

제주민의 생업수단과 관련해서 『조선왕조실록』에는 세종 대에 가장 많은 기사가 나온다. 조금 장황한 면이 없지 않지만 작은 변화라도 세밀히 살피기 위해 검토한 모든 기록을 인용한다. 먼저 세종 1년(1419)의 기록이다.

---

7) 李淸圭,『濟州島 考古學 硏究』, 學硏文化社, 1995.
8) 秦榮一,「古代耽羅의 交易과 '國形成考'」,『濟州島史硏究』제3집, 濟州島史硏究會, 1994, p.15.
9) 『高麗史』권8, 세가, 문종 12년(1058) 8월 乙巳(耽羅 地瘠民貧 惟以海産 乘木道 經紀謀生).

제주의 토지는 본래 메말라서 농사짓는 사람이 토지에서 부지
런히 일하여, 애쓰고 힘써서 그 공력을 백배나 들여도 항상 한 해
동안의 양식이 모자랄까 걱정하여, 농업을 하지 아니하고 상업에
만 힘쓰는 자가 매우 많습니다.10)

척박한 토지 조건 때문에 농업을 하지 않고 상업으로 살아간다
는 이야기다. 당시 제주민의 경제기반은 농업이 아니라 상업이었
다. 다음엔 세종 7년(1425) 기사다.

제주 사람들은 말을 팔아서 입고 먹는 자본을 삼는 까닭으로11)

여기서는 구체적으로 상업 교역의 품목이 처음 나온다. 말(馬)이
다. 고가이면서도 생필품인 말을 팔아먹고 살았음을 분명하게 증
언하고 있다.
같은 해 기사이며 유사한 내용이지만 다음도 인용한다.

도내 제주(濟州)는 사람은 많고 땅은 비좁아서, 가난한 사람은
모두 말을 사서 생계를 마련합니다.12)

역시 여기서도 말(馬)을 사고팔아 생존했음을 말하고 있다. 다만
특징적인 것은 가난한 사람들도 그랬다는 점이다. 말의 가격이 비
싸긴 했지만 오히려 그랬기 때문에 가난한 사람들도 말(馬) 교역에
명줄을 걸고 있었음이 드러난다.

---

10) 『세종실록』권5, 세종 1년(1419) 9월 11일 癸丑(然濟州土地磽薄, 農人之家,
服勤南畝, 艱難辛苦, 百倍其功, 而常有卒歲無食之嘆. 因此, 不事農業, 而務行
商賈者頗多).
11) 『세종실록』권28, 세종 7년(1425) 4월 2일 辛丑(濟州之人, 市馬以爲衣食之
資).
12) 『세종실록』권29, 세종 7년(1425) 9월 4일 更子(道內濟州人多地窄單寒, 人民
皆以買馬資生).

다음은 2년 뒤인 세종 9년(1427) 기사이다.

제주는 토지가 본래 모두 모래와 돌이어서 농리(農利)가 풍족하
지 못하므로 세궁민의 생계가 진실로 걱정이 되는데 (중략) 제주
는 땅은 좁은데 축산은 번성합니다.[13]

토지문제, 농업 경영의 어려움을 말하고 있으며, 농업보다 축산
업이 번성하고 있음을 얘기하고 있다. 물론 축산업의 핵심은 말 사
육일 것이다. 그리고 축산의 목적은 자가소비가 아니라 교역일 가
능성이 크다. 다시 1년 뒤인 세종 10년(1428)에도 말(馬) 교역 경제
가 사실상 유일한 산업임을 말하고 있다. 다음의 기록이다.

섬 안에 땅은 좁고 사람은 많은데, 목장(牧場)이 절반이 넘어 소
와 말이 짓밟기 때문에 벼농사에 손해가 많습니다. 거민(居民)들
은 오로지 말을 팔아 생계를 유지하고 있사온데[14]

"專以賣馬爲生(전이매마위생)" 즉 전적으로 말을 팔아 생계를 꾸려
가고 있다는 표현이 주목을 끈다.

세종 즉위 10년 만에 벌써 제주민의 생업 관련 기사가 5회 등장
했다. 실록에 이런 기사 등장하는 것은 큰 의미가 있다. 일상의 평
범한 사안까지 실록에 기록되진 않는다. 무언가 사회적 이슈가 되
었을 때 관련 기록이 실록에 남는다.

세종 즉위 후 10년 안에 관련 기사가 5회 등장했다는 것은 그
무렵 제주지역 경제구조에 커다란 변동이 일어났음을 의미한다.

즉 말(馬)을 팔아 생계를 유지하던 제주의 경제구조에 뭔가 균열이
생겼다는 뜻이다. 건국 직후부터 시도된 말(馬)에 대한 정부의 강력
한 통제, 이것이 제주의 말(馬) 교역 경제에 커다란 충격을 주고 있
었다고 짐작할 수 있겠다. 국가 소유의 말(馬)뿐만이 아니라 민간의
말도 모두 국가에 등록하여 통제를 받았기 때문이다.

2. 말(馬) 교역 통제에 따른 경제기반 붕괴

유민 발생의 배경으로는 크게 자연환경적 요인과 사회구조적
요인으로 나눠 볼 수 있겠다. 자연환경적 요인에는 토지 척박, 자
연재해 등을 들 수 있다. 사회구조적 요인에는 과다 수취를 들 수
있다. 그리고 그러한 요인들 즉 토지 척박, 자연재해, 과다 수취의
요인들은 선행 연구에서 많이 다뤘다. 그런데 문제는 이러한 요인
들은 비단 15~17세기에만 국한된 것이 아니라는 점이다. 근대사
회에 진입하기 전까지 상시적인 문제들이었다. 그렇기에 이들 요
인만으로는 15~17세기에 유난했던 제주민의 대량 이주 사태를
설명하기에 부족하다. 또 다른 요인을 찾아야만 설득력을 가질 수
있다.

본 강사는 그것을 말(馬) 교역 통제에 따른 경제기반 붕괴에서
찾아보았다. 산업구조의 변화를 고찰하면 단서를 잡을 수 있다.
15세기 제주의 주력 산업이 무엇이었는지, 그리고 그 산업에 어떠
한 변화가 생겼는지를 살피는 것이다. 결론부터 얘기한다면 그것
은 말(馬) 사교역 금지에 따른 제주 경제의 기반 붕괴였다. 이것은
앞서의 토지 척박, 자연재해, 과다 수취와 같은 항상적 요인이 아니
다. 15세기에만 특징적으로 나타났던 요인이다. 그러므로 이 요인
을 언급해야 15~17세기의 출륙 제주유민 현상을 설명할 수 있다.

앞에서 전통시대 제주도는 교역을 통해 생존해 왔음을 언급했

다. 특히 고려 말 몽골 지배기 이후로는 말(馬) 교역이 핵심이었다. 그런 만큼 상당한 정도의 부가 말(馬) 경제에 담겨 있었다. 하지만 조선 건국 후 상황은 많이 달라졌다. 조선 정부가 변방의 부를 그대로 두지 않았다. 조선 정부는 국가 안의 모든 말을 중앙정부의 통제에 두고자 사마(私馬)에 대해서도 관에 신고하여 장적을 만들게 법령화하였다.[15] 또한 제주 말(馬) 교역에 대한 통제도 시작했다.

세종 대에 들어서면 상황은 크게 달라진다. 세종 대의 다음 기사들은 조선 전기 제주민의 말(馬) 교역 경제가 어떻게 붕괴되어 갔는지를 보여준다.

> 제주(濟州)는 사람은 많고 땅은 비좁아서, 가난한 사람은 모두 말을 사서 생계를 마련합니다. 근래에 수교(受敎)에 의하여 2살 된 말은 육지에 내다 팔지를 못하게 되었습니다.[16]

> 섬 안에 땅은 좁고 사람은 많은데, 목장(牧場)이 절반이 넘어 소와 말이 짓밟기 때문에 벼농사에 손해가 많습니다. 거민(居民)들은 오로지 말을 팔아 생계를 유지하고 있사온데 요사이 암말을 육지로 내보내는 것을 금지하기 때문에[17]

> 공사간 목장들에 품질 좋은 상마는 '부(父)'라는 낙인을 찍어서 육지로 나가는 것을 허락치 아니함은 이미 전에 입법하였으나[18]

---

15) 『태종실록』 권14, 태종 7년(1407) 8월 11일 壬辰.

16) 『세종실록』 권29, 세종 7년(1425) 9월 4일 更子(濟州人多地窄單寒, 人民皆以買馬資生 近因受敎, 禁二歲馬出陸放賣).

17) 『세종실록』 권39, 세종 10년(1428) 1월 6일 己丑(島內地窄人多, 牧場過半, 因牛馬踐蹂, 禾稼多損 居民專以賣馬爲生 居民專以賣馬爲生, 近因雌馬出陸之禁).

18) 『세종실록』 권61, 세종 15년(1433) 9월 9일 戊子(公私屯品好牡馬, 以父字烙印, 不許出陸, 已曾立法).

제주민의 주된 생업 기반인 말(馬) 교역이 금지 당했음을 볼 수 있다. 세종 7년(1425)부터 『세종실록』 세종 15년(1433)까지 8년 사이에 벌써 이런 기사가 3회 등장한다. 태종 때와는 확연히 달라졌다. 위 기사에 近因(근인, '근래에' 혹은 '요사이'로 번역)이라는 표현이 나오는 것으로 봐서 세종 대에 말(馬) 자유교역 금지가 본격화되었음을 알 수 있다.

사교역이 허락되긴 했지만 정부의 철저한 감독 하에서 이뤄지는 제한적 교역 체제[19]가 되었다. 2살 된 말의 도외 유통 금지, 암말의 도외 반출 금지, 부(父)자 낙인 말(馬) 육지 매매 금지 등 다양한 제한 조치가 취해졌다. 그리하여 정부의 통제 속에 시(市)자 낙인을 받아야만 육지와의 교역이 가능해졌다.[20] "표가 없는 가죽을 사사로이 매매하는 자"[21]도 처벌을 받았다. 즉 생물 말(馬)만이 아니라 말가죽 매매까지 모두 정부의 통제를 받았던 것이다.

고려 말 원 지배기 이후 제주 경제의 주력이었던 말(馬) 사교역이 15세기에 들어와 어려워졌다. 이것이 제주경제의 기반 붕괴를 가져왔으며 이는 필연적으로 15~17세기 유민 발생의 핵심적 요인으로 작용했다.

---

19) 자유교역을 금지함으로써 제주민의 강한 저항을 불러 일으켰던 사건으로는 1932년 제주해녀항일운동을 들 수 있다. 그만큼 교역으로 살아가는 제주민의 입장에서 자유교역 금지는 생존권이 달린 긴박한 문제였다. 해녀항일운동에 대해서는 박찬식, 「濟州海女의 抗日運動」, 『濟州海女抗日鬪爭實錄』, 1995 참고.
20) 『성종실록』 권14, 성종 3년(1472) 1월 30일 丁卯(舊例, 濟州興利人, 交易馬匹, 牧官必考文案, 烙市字印, 許令出陸).
21) 『세종실록』 권61, 세종 15년(1433) 9월 9일 戊子(如以無標皮, 私相買賣者).

Ⅲ. 제주유민의 생활

1. 제주유민의 분포 지역 및 규모

이들은 제주를 떠나 어느 곳을 주 무대로 살아갔을까? 조선왕조실록을 분석해 보면 주로 남해안이 그 대상지임을 알 수 있다. 도(道) 단위 지역별 빈도수는 중국 해랑도 2회, 황해도 5회, 충청도 3회, 전라도 8회, 경상도 10회, 강원도 1회이다. 아무래도 경상도, 전라도 등 남해안이 가장 많이 나온다. 경상도, 전라도 합쳐 18회 등장한다. 이것은 제주섬을 떠난 제주유민들의 유랑, 우거(寓居) 지역이 우선은 남해안이었음을 말해주고 있다. 지리상 가장 가까운 거리라는 요소가 작용했을 것이다.

남해안만큼 빈도수가 높지는 않지만 황해도, 충청도 등의 서해안에 우거했던 제주유민 기사의 횟수도 적지 않다. 합쳐 8회의 기록이 등장한다. 반면 동해안 강원도의 경우는 단지 1회뿐이다. 이는 제주유민이 동해안 쪽보다는 황해도, 충청도가 있는 서해안을 선호했음을 말해준다.

동해안의 단조로운 해안지형보다는 남·서해안의 복잡한 해안지형이 유랑민들의 유랑 우거에는 유리했기 때문으로 보인다. 유랑은 본래 불법 행위다. 불법 행위자는 아무래도 은신하기에 유리한 지형을 택하기 쉽다. 또한 해산물 채취의 용이성에서도 동해안보다 남·서해안이 유리하게 작용했을 것 같다. 특이한 것은 중국 요동반도 아래의 해랑도에 제주유민이 살았다는 점이다. 해랑도 제주유민 기사는 2회 나온다. 기록상으로만 보더라도 제주유민들의 분포 범위가 결코 좁지 않았음을 알 수 있다.

그렇다면 그들의 규모는 어느 정도였을까? 실록 등 여러 자료를 분석해 보면 그 규모의 거대함에 놀라게 된다. 제주목사였던 이익한(李翊漢)이 제주지역 공노비 중에 육지로 나간 자가 1만 명가량 되었다는 기록[22]을 통해 일단 1만 명은 넘었을 것으로 판단한다. 출륙 공노비 수만 1만이기에 공노비가 아닌 출륙자까지 포함한다면 그 수는 당연히 1만을 넘었을 것이다.

그리고 인구 증감 통계를 통해 살펴보면 세종 대에 비해 17세기에는 4만 명의 인구 감소를 알 수 있다. 따라서 4만 명의 감소를 최대치로 삼을 수 있다. 그러나 사망에 의한 인구 감소도 상당했을 것이기에 4만 전체를 출륙 유랑자로 볼 수는 없다. 따라서 큰 범위로는 1~4만, 폭을 줄여서 말하면 2~3만 정도의 출륙자가 발생했을 것으로 추정해 볼 수 있겠다.

2. 임진왜란과 제주유민

임진왜란은 제주유민현상이 발생한 후 약 150년이 지난 시기의 사건이다. 그러므로 초기 출륙자들은 임진왜란과는 직접적인 관련이 없다. 다만 그들의 후손들과 그들과 섞인 한반도 해안 거주민들은 이 전쟁에 직접적인 관련을 갖게 된다. 전쟁이 일어날 때까지 이들은 여전히 유민 생활을 하고 있었다. 이들은 해양유민이었기에 바다 정보에 대해 누구보다 밝았다. 그것이 전쟁에 활용된 것이다.

직접 조선 수군으로 활동한 경우도 많았다. 이순신의 제1차 옥포 승첩을 아뢰는 계본인 〈옥포파왜병장(玉浦破倭兵狀)〉[23]에는 "여러 장수들과 판옥선(板屋船) 24척, 협선 15척, 포작선 46척을 거느리고 출전하여"[24]라는 대목이 나온다. 임진왜란의 첫 해전부터 제

---

22) 『현종개수실록』 권12, 현종 5년(1664) 11월 13일 更子(臣曾任濟州, 見本州各
   司奴婢出陸居生者, 其數近萬).
23) 萬曆 20년(1592) 5월 10일자 계본.
24) 『影印 李忠武公全書』, 〈玉浦破倭兵狀〉, 성문각, 1989, 76쪽(諸將 板屋船

주유민이 동원되고 있었다. 수로(水路) 안내인으로서도 중요한 역할을 했다. "관지수도자(慣知水道者)" 즉 수로에 익숙한 자가 아니면 적선을 만났을 때나 왜적을 수색할 때 제대로 대응하지 못한다는 논리였다. 선박을 조종하는 데에 있어서도 뛰어난 활약을 보였다. 그들의 항해술을 '나는 새와 같다'라고 했을 정도다. 조선왕조실록과 이순신 관련 기록을 살피면 이들의 활약상을 적지 않게 볼 수 있다.

Ⅳ. 강의를 마치며

이제 이들 제주유민의 성격을 규정해 보고자 한다. 이 작업은 제주유민 현상이 역사 속에서 그리고 오늘날 중세 역사 연구에서 어떤 의미를 가지고 있는지를 고민하게 해준다.

먼저 이들은 해양적 성격을 가지고 있다고 하겠다. '無定居 寄生船上(무정거 기생선상)' 즉 일정한 거처 없이 배 위에서 살아갔다는 말이다. 육지의 유랑민과는 확연히 다른 모습이다. 이 해양성은 중세 역사 인식에서 육지가 아닌 바다를 터전으로 살았던 사람들에게도 정당한 눈길이 주어져야 함을 촉구한다고 하겠다.

다음으로 교역경제인적(交易經濟人的) 성격과 약탈자적 성격을 함께 들 수 있겠다. 이들은 유랑하면서 교역도 했지만 실제로는 약탈도 자행했다. 이 약탈적 성격은 교역경제인적 성격과 마찬가지로 주어진 환경에 따라 농업이 아닌 또 다른 경제방식이 있었음을 알려주는 의미를 갖는다고 하겠다.

그리고 용병적(傭兵的) 성격과 국제적 성격도 보여준다. 전쟁시

二十四隻 狹船 十五隻 鮑作船 四十六隻 領率發行).

에 이들은 비단 조선군에만 편입된 것이 아니었다. 일본군의 일원으로 생활한 경우도 많았다. 이들의 용병적 성격은 체제의 안과 밖을 넘나들며 때로는 조선 수군으로, 때로는 왜병으로 살아가던 존재가 중세 역사 속에 존재했음을 보여준다. 중세에는 토지에 긴박된 농민만이 존재했던 게 아니다. 병농일치의 정군(正軍)만이 군역을 졌던 게 아니다. 토지에 긴박되지 않은 비정규군 더 나아가 왜적의 병사로까지 고용되던 사람들이 있었다. 이것이 제주유민의 용병적 성격이 가진 함의다. 또한 제주유민은 국제적 성격을 가지고 있었고, 그 국제적 성격은 중세 역사에서의 '내셔널 히스토리' 극복이라는 함의를 우리에게 던진다고 말할 수 있겠다. 민에게 있어 국가는 그리 큰 규정 요소가 아닐 수도 있다.

마지막으로 경계인적(境界人的) 성격을 들 수 있다. 경계인은 어떤 집단에 안착하지 못하고 여러 집단을 부유하는 존재를 말한다. 비록 지배 권력은 이들에게 국적을 부여했을지라도 정작 이들 제주유민은 자신의 국적을 중요하게 생각지 않았다. 단지 자신의 생활 환경에 적합한 삶의 방식으로 일상을 살았을 뿐이다. 그 결과가 이중 소속의 주변인 즉 경계인으로 나타났던 것이다.

::참고문헌::

1. 漢書

『高麗史』

『新增東國輿地勝覽』(1486/1530)

『元史』

『李忠武公全書』(1795)

『朝鮮王朝實錄』

2. 국내 도서

高光敏, 『濟州島浦口硏究』, 각, 2004.

고용희, 『바다에서 본 탐라의 역사』, 각, 2006.

고창석 편, 『耽羅國史料集』, 신아문화사, 1995.

金在瑾, 『우리 배의 歷史』, 서울대학교출판부, 1989.

기우셉 피오라반조, 조덕현 옮김, 『세계사 속의 해전』, 신서원, 2006.

김일우, 『高麗時代 耽羅史 硏究』, 신서원, 2000.

南都泳, 『濟州島牧場史』, 한국마사회 마사박물관, 2003.

方相鉉, 『朝鮮初期 水軍制度』, 민족문화사, 1991.

알프레드 세이어 마한(Alfred Thayer Mahan), 김주식 옮김, 『해양력이 역사에
        미치는 영향』 1, 책세상, 1999.

앵거스 컨스텀, 이종인 옮김, 『해적의 역사』, 가람기획, 2002.

양승윤 외, 『바다의 실크로드』, 청아출판사, 2003.

윤명철, 『바닷길은 문화의 고속도로였다』, 사계절, 2000.

윤성익, 『명대 왜구의 연구』, 경인문화사, 2007.

이민웅, 『임진왜란 해전사』, 청어람미디어, 2004.

이순신, 『影印 李忠武公全書』, 成文閣, 1989.

이영권, 『새로쓰는 제주사』, 휴머니스트, 2005a.

이영권, 『조선시대 해양유민의 사회사』, 한울, 2013.

李淸圭, 『濟州島 考古學 硏究』, 學硏文化社, 1995.

주강현, 『제국의 바다 식민의 바다』, 웅진, 2005.

주희춘, 『제주 고대항로를 추적한다』, 주류성출판사, 2008.

진영일, 『고대 중세 제주역사 탐색』, 보고사, 2008.

최근식, 『신라해양사 연구』, 고려대학교출판부, 2005.

3. 연구논문

高昌錫, 「高麗朝時 濟州民亂의 性格」, 『濟州島研究』 3집, 1986.

김나영, 「조선후기 제주지역 포작의 존재양태」, 『탐라문화』 32호, 제주대학교탐
　　　라문화연구소, 2008.

김병하, 「乙卯倭變考」, 『탐라문화』 8호, 제주대학교탐라문화연구소, 1989.

김순자, 「麗末鮮初 對元·明關係 研究」, 연세대학교 박사학위논문, 1999.

김창현, 「탐라의 지배층」, 『탐라사』 II, 제주사정립사업추진협의회, 2010.

南都泳, 「鮮初의 牛馬盜賊」, 『東國大學校大學院論文集』 14, 1975.

남영우, 「古地名 '두모' 研究」, 『地理敎育論集』 제36호, 1996.

다카하시 기미아키(高橋公明), 「中世東亞細亞海域에서의 海民과 交流」, 『탐라문
　　　화』 제8호, 제주대학교 탐라문화연구소, 1989.

裵亢燮, 「壬戌民亂 前後 明火賊의 活動과 그 性格」, 고려대학교 석사학위논문,
　　　1986.

서인범, 「조선시대 서해 북단 해역의 경계와 島嶼 문제 : 海浪島와 薪島를 중심으
　　　로」, 『명청사연구』 제36집, 명청사학회, 2011.

元昌愛, 「朝鮮時代 濟州島 馬政에 대한 小考」, 『濟州島史研究』 제4집, 濟州島史
　　　研究會, 1995.

尹誠翊, 「16세기 倭寇에 대한 연구」, 경희대학교 석사학위논문, 1997.

이영, 「高麗末期 倭寇構成員에 관한 고찰」, 『한일관계사연구』 5호, 한일관계사학
　　　회, 1996.

이영권, 「여말선초 제주사회의 변동과 해양유민의 발생」, 『바다로 열린 세계, 제
　　　주의 해양문화(2012탐라대전 국제학술대회 자료집)』, 제주대학교 탐라
　　　문화연구소, 2012.

이재범, 「고려 후기 倭寇의 성격에 대하여」, 『史林』 19호, 2003.

李載貞, 「嘉靖 後期 福建 沿海地域의 倭寇·海寇와 地域支配構造」, 『조선대전통문
　　　화연구』 4, 1996.

장혜련, 「조선중기 제주유민의 발생과 대책」, 제주대학교 석사논문, 2006.

鄭暎錫, 「조선전기 湖南의 倭寇에 대하여-乙卯倭變을 중심으로」, 『朝鮮大傳統文
　　　化研究』, 1994.

정형지, 「19세기 전반 유민에 관한 연구」, 『국사관논총』 제72집, 1996.

조성윤, 「조선시대 제주도 인구의 변화 추이」, 『탐라문화』 26호, 제주대학교탐라
　　　문화연구소, 2005.

조원래, 「수군의 승첩」, 국사편찬위원회, 『한국사』 29, 탐구당, 2003.

秦榮一, 「古代耽羅의 交易과 '國'形成考」, 『濟州島史硏究』 제3집, 1994.

최병문, 「朝鮮時代 船舶의 船型特性에 관한 硏究」, 부경대학교 박사학위논문, 2004.

韓榮國, 「豆毛岳 考」, 『한우근박사정년기념사학논총』, 지식산업사, 1981.

허남린, 「제주도의 역사적 토포스: 페리퍼리 그리고 프론티어」, 『탐라문화』 31 호, 제주대학교탐라문화연구소, 2007.

4. 국외 도서

Becker, Howard, *Outsiders: Studies in the Sociology of Devince*, New York: Free Press, 1963.

Fernand Braude, (Translated by Sian Reynolds, 1992) *THE MEDITERRANEAN: and the Mediterranean World in the Age of Philip Ⅱ*, New York: HarperCollinsPubblishersl, 1949.

綱野善彦, 『海の國の中世』, 平凡社, 1997.

金谷匡人, 『海賊たちの中世』, 吉川弘文館, 1998.

大石直正・高良倉吉・高橋公明, 『周緣から見た中世日本』, 講談社, 2001.

山內 讓, 『海賊と海城』, 平凡社, 1997.

李領, 『倭寇と日麗關係史』, 東京大學出版會, 1999.

田中健夫, 『倭寇-海の歷史-』, 敎育史歷史新書, 1982.

池上裕子, 「倭寇-その戰力源は何か」, 佐藤和彦 編, 『日本史の謎と發見』, 南朝と北朝, 每日新聞社, 1979.

村井章介, 『中世倭人伝』, 岩波書店, 1993.

太田弘毅, 『倭寇-商業・軍事史的硏究』, 春風社, 2002.

太田弘毅, 『倭寇-日本あふれ活動』, 文藝社, 2004.

荒野泰典・石井正敏・村井章介, 『アジアのなかの日本史Ⅲ 海上の道』, 東京大學出版會, 1992.

세계 古지도에 나타난 제주

이혜은

세계 숨지도에 나타난 제주

I. 들어가는 말

사람들이 지구의 모습을 인지하고 어떤 지역의 위치를 파악하는 데는 오랜 세월이 걸렸다. 사람들은 자기 주변지역에 대한 장소만을 인지하였을 뿐 자기들이 살고 있는 지역의 반대편에 다른 민족들이 다른 문화를 지니고 살고 있다고는 상상조차 못하였다. 지구는 평평한 대지로 되어 있어 배를 타고 멀리 항해하는 사람들이 보이지 않게 되면 낭떠러지로 떨어졌다고 인지하였었다. 그러나 이러한 사실은 점차 지구가 둥글다는 것으로 바뀌었고 지도 역시 T-O 지도 〈그림 1〉에서 점차 발달하였다.

지구의 둘레가 측정되면서 사람들의 호기심은 다른 지역을 탐험하는 모험을 단행하도록 유도하였다. 다른 지역을 방문하여 얻은 지식들은 새로운 지리적 지식을 축적하는 동시에 또 다른 지역에 대한 탐험을 하도록 하였다.

이러한 인간의 욕구는 지도를 만들게 되었으며 유럽인들을 중심으로 만들어진 초창기의 지도들은 유럽과 지중해, 아프리카 북부, 아시아 서부지역에 대한 것이 대부분이었다. 유럽인들의 인지 속에 담겨져 있는 세상이 우선이었다. 또한 아랍인들은 소금이라는 가장 중요한 자원의 판매를 매개로 끊임없이 탐험을 하였고 다

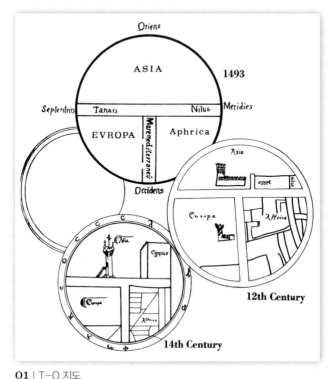

01 | T-O 지도
출처: Preston E. James and Geoffrey J. Martin,
All Possible Worlds: A History of Geographical Ideas,
2nd ed.. John Wiley & Sons, 1981.

른 지역에 대한 지식을 축적하였다. 이들의 지식은 아프리카 횡단
으로 이어졌고, 지구에 대한 지식을 축적하였다. 중국인 역시 중앙
아시아를 지나 유럽까지의 탐험이 이루어졌고 이는 지도로서 표현
되었다.[1]

이렇게 지도를 작성한 사람이 거주하는 지역의 주변지역부터

1) Preston E. James and Geoffrey J. Martin, *All Possible Worlds: A History of Geographical Ideas*, 2nd ed.. John Wiley & Sons, 1981, 42-62.

그려진 지도는 점차 탐험에 의해 알아진 새로운 지식을 기반으로 지속적으로 수정되어 만들어졌다. 주변지역에 대한 지도에서 지구를 돌아서 떠난 지역으로 되돌아온다는 지구가 둥글다는 인식이 지배적이 되면서 지구대탐험시대가 시작되었다. 이는 자신들이 살고 있는 지구 반대편에 대한 지식축적을 자연스럽게 이루게 하였고 이는 점점 자세한 지역정보를 나타내는 지도로 표현되어졌다.

지금처럼 한 곳에 앉아서도 지구 반대편 또는 전혀 알지 못하는 세계에 대한 자세한 지역정보를 볼 수 있는 정보화시대에 살고 있는 우리로서는 상상하기 힘든 사실일 것이다. 그러나 이러한 정보도 끊임없이 이루어진 신세계에 대한 탐험과 정보 습득의 결과이었다. 따라서 외국인이 작성한 세계지도 속에 제주에 관한 내용이 등장한다는 것은 제주가 세계로 알려지기 시작했다는 의미이다.

본고에서는 우리나라 밖에서 제작되어진 세계지도 속에 제주가 언제부터 표현되었으며, 이것이 지닌 의미에 대하여 고찰하고자 한다. 이를 통해 제주가 지닌 세계 속의 위치를 파악하고 제주의 역할까지 유추할 수 있다고 판단된다.

Ⅱ. 세계인의 제주에 대한 인지

우리나라에서 제주도의 위치는 항상 한반도의 남쪽에 위치해 있다. 이는 지도가 북쪽을 종이의 위쪽으로 하여 작성되기 때문이다. 그러나 그러한 고정된 사고를 한번만 바꾸어 생각한다면, 남쪽을 향해 그것도 무한의 바다를 향해 열려진 세계의 시작점에 위치하고 있다는 사실을 쉽게 이해할 수 있을 것이다.

이러한 제주의 위치는 탐험의 시대에서 우연히 또는 하나의 추정되는 사실에 의거하여 목적을 가지고 지나게 되기도 하면서, 또한 한국과의 교류를 통해 제주가 알려지게 되었다고 본다. 그렇지만 고려 혹은 조선이라는 국가명도 정확히 기재되지 않은 세계전도에서 제주를 파악하기는 어려울 것이라고 판단된다.

이제까지 발견된 지도에서 제주에 관한 지명이나 위치가 그려진 지도는 17세기 중엽이 되어서야 나타나기 시작하였다고 사려된다. 물론 그 이전에도 세계지도가 없었던 것은 아니다. 그러나 그러한 지도들에 비록 한반도의 모양이 섬으로 그려지기도 하는 등 잘못된 형상으로 표현된 지도 등은 있었지만, 제주도가 기록된 지도는 없었다. 본고에서 고찰된 지도들이 전 세계에서 당시 작성된 지도 전체라 할 수는 없지만, 당시에는 모든 지도들이 비교적 같은 수준이었다고 판단된다.

또한 기존의 기록된 내용을 다음에 작성하는 사람들이 그대로 모방하거나 또는 잘못 기록하는 경우도 있어 중간 중간 오류가 나타나기도 하며, 그려진 지도가 어느 나라 사람이냐에 따라서 같은 곳임에도 표기가 다른 경우도 있다. 이러한 이유로 오류가 많은 지도를 잘못 선택했을 경우, 후세에 만들어지는 지도라 하더라도 같은 오류를 지속적으로 보여주어 제주가 더 지도상에 그려지는데 오랜 세월이 걸렸다고도 파악된다.

〈표 1〉은 17세기 중엽부터 19세기 중엽까지 약 200년간 발행된 지도에서 제주도가 기록된 지도를 표로 작성한 것이다. 이 지도보다 더 많은 지도들이 출판되었으나 제주도가 전혀 기록되지 않은 지도는 제외하였다. 〈표 1〉에 열거된 지도들에서 대체로 한국은 Corea, Coree 등으로 표시되고 대부분 반도로 표시되어 있었다. 이는 17세기 중엽 이전에 만들어진 지도에서 가끔씩 섬으로 표시되었던 것에 비하면 정확도가 높아졌다 할 수 있다. 반면에, 제주도의 경우는 17세기 이전에는 그 존재조차도 기록되지 않았으나 17세기 중엽이후에는 많은 지도에서 나타나기 시작하였다.

표 01 | 제주에 관한 기록이 나타난 세계지도(17세기 중엽~19세기 중엽)

제작연도	지도명칭	제작자	지도속의 한국	지도속의 제주도
1655	아시아전도	마르티니	반도; Corea	섬; 명칭없음
1667	일본지도	안손	Corai	섬; 명칭없음
1667	아시아지도	상송	반도; 명칭없음	Satyrorum
1674	아시아지도	쟈이오	반도; Coree	섬; 명칭없음
1680	아시아지도	샤틀렝	반도; Rde Coree	Fongma
1600년대 후반	아시아지도	와일드	반도; Corea	Quelpaert
1700년대	신동아시아지도	드 비트	반도; Corea	섬; 명칭없음
1703	동부아시아지도	드 페르	반도; De Coree	I. Fungma
1733	아시아지도	티리온	반도; Corea	Fungma
1737	한국전도	당빌	반도; Coree	섬; 식별불가능
1748	중국지도	벨렝	반도; Coree	Lile di Quelpaert
1750	중국·일본지도	몰	반도; Corea	Citoch
1750	아시아지도	보웬	반도; Corea	섬; 명칭없음
1750	일본지도	보공디	반도; Coree	Fungma
1751	아시아지도	보공디	반도; Coree	섬; 명칭없음
1760	아시아지도	쟝비에	반도; Coree	Kitchou
1771	만주지도	본	반도; Coree	Fungma
1786	만주·일본지도	블리옹	반도; Coree	Fungma
1792	중국·일본·필리핀지도	엘위	반도; Coree	Kitchou, Fongma
1797	세계지도	라 페루즈	반도; Coree	섬; 식별불가능
1805	아시아지도	보울즈	반도; 식별불가능	섬; 식별불가능
1832	삼국총도	클라포르트	반도; Coree	섬; 명칭이 없음
1850	중국지도	라피	거의 정확한 반도; Coree	I. Quelpaert

참고자료: 이혜은, 「세계속의 제주도」, 『한국문화와 제주』, 국립제주박물관 편(국립제주박물관 문화총서 1), 서경문화사, 2003 재편집; 서정철, 『서양고지도와 한국』, 빛깔있는 책들 38, 대원사, 1991.

〈표 1〉에 수록된 지도들은 서양인들이 만든 지도이나 지도 명칭이 아시아전도이거나 중국지도, 일본지도로서 지도 속에 한국과 제주에 대한 정보가 수록되어 있는 지도들이다. 이들 지도들에는 제주도는 섬의 크기도 많은 차이를 보이고 있으며 명칭도 다양하게 기록되어 있다. 그 중에서도 제주도를 표현한 지명으로 가장 많이 쓰여진 것은 Fungma 또는 Fongma[2]이다. 중국지도에서는 Quelpaert라는 명칭이 쓰여지고 있었다. 또한 Citoch나 Kitchou는 같은 곳을 나타내지만, 발음에 따라 다르게 표현된 것으로 보인다.

따라서 서양에서 만든 17세기 중엽에서 19세기 중엽에 만들어진 고지도들 속에서 제주도는 한반도 남쪽에 위치한 섬으로 그 위치는 비교적 정확하게 그려졌으나, 지명은 제작자에 따라 다르게 지칭하였다. 이러한 현상이 나타난 것은 이 섬이 한국에 속한 섬이라는 지식이 없었기 때문이라고도 판단된다. 더구나 1797년 제작된 라 페루즈의 세계지도는 제주도 근해나 한반도의 동해와 남해의 수심을 측정하여 기록까지 한 지도임에도 불구하고 제주도가 식별이 불가능할 정도로 섬으로 표시만을 해 놓은 것은 역시 이러한 이유로 간주된다.

더구나 19세기 중반임에도 제주도란 명칭이 등장하지 않은 것은 지도 제작자가 그 이전의 지도를 그냥 복사하였거나 정확한 정보를 갖고 있지 않아 나타한 현상으로 파악한다. 그 이유는 이미 17세기 중엽부터 제주에 대한 인지가 이루어져 왔는데 200년이 지난 후에도 지도상에 나타나지 않은 것은 새로운 지식에 의한 축적이 아닌 과거의 반복된 습관에 기인한 것이라 여겨지기 때문이다.

이러한 현상은 19세기 말에 들면서 급변하였다. 우리나라가 개

---

2) Fungma나 Fongma가 같은 내용이나 제작당시 실수로 다르게 쓰여진 것으로 판단된다.

항을 하게되고, 외국인들이 방문하면서 남긴 여행기를 토대로 우리
나라에 관한 지리적 지식이 확대되고 있었다고 보인다. 더불어 제
주도에 대한 관심도 지속적으로 높아졌다고 판단된다.

　1891년부터 3년간 제주목사 겸 찰리사로 부임했던 이규원이
당시 제주에 자주 출몰하여 온갖 횡포를 부리고 불법 어획을 했던
일본 어민들을 추방했다는 내용[3]은 일본은 확실히 제주도의 위치
를 확인하고 있었고, 이 지역이 한국 땅임을 이미 알고 있었다고 본
다. 1892년 불법 어획을 일삼던 일본 어민들을 모두 쫓아내고 평
정한 사실은 제주가 한국 땅임을 확인시켜 준 것으로 여겨진다. 더
구나 일본 군함을 타고 온 해군들과 함께 찍은 사진으로 추정한다
면 일본인들은 확실히 제주에 대한 정보를 정확히 파악하고 있었
다.[4]

　한국에 관한 소식은 중국과 일본을 통해 주로 서양에 알려졌고,
더구나 17세기 중엽 하멜이 제주에 도착하였고 우리나라에 머물다
돌아간 후 하멜표류기를 출판하였음에도 제주에 관한 지식이 정확
히 전달되지 못했음은 당시 사람들의 세계에 대한 인지가 정확하지
못했음을 유추할 수 있다. 더구나 19세기 말 한국을 방문했던 조
지커즌이라는 사람이 한국에 대해 알려진 내용들이 틀린 것이 많았
다고 지적한 내용들에서[5] 당시까지 한국은 서양인들에게 미지의
세계였다고 확인할 수 있다.

3)　이혜은·이형근, 『만은 이규원의 『울릉도 검찰일기』』, 한국해양수산개발원,
　　 2006, pp.34~36; 고창석, 「이규원 찰리사의 치적」, 『19세기말 제주의 계엄
　　 사령관 찰리사 이규원』, 이혜은선생 기증유물 특별전, 국립제주박물관, 2004,
　　 pp.166~167.
4)　이혜은·이형근, 앞의 글, pp.35~56.
5)　이혜은, 「세계속의 제주도」, 『한국문화와 제주』, 국립제주박물관 편(국립제주박
　　 물관 문화총서 1), 서경문화사, 2003.

Ⅲ. 서양인들의 세계에 대한 인지

서양인들이 세계에 대한 관심을 갖고 탐험을 시작한 것은 15세기부터이다. 그러나 육상 실크로드를 통한 동서간의 이동은 BC 2세기부터 이루어졌으며 따라서 다른 지역에 대한 관심은 지구가 둥글다는 이론이 성립하면서 더욱 증대되었다. 본격적인 세계에 대한 탐험은 지리적 지식의 축적으로 이어졌고 지도의 작성이 지속적으로 수행되었다.

하멜이 제주도에 도착하였던 1653년인 17세기 중엽, 하멜일행은 제주도에 대한 위도 측정은 정확하게 하였으나 '제주'라는 지명에 대한 인식은 없었고, 단지 퀠파르트섬6)에 도착하였다고 알고 있었다. 이는 그들이 도착한 지점이 섬이란 사실은 위도측정으로 알수 있었지만 정확하게 어느 국가에 속한 땅인지는 몰랐던 것으로 파악된다. 그렇기 때문에 '제주'라기 보다는 퀠파르트섬에 도착했다고 인지한 것이다.

사실상 17세기 중엽까지 제주도가 그려졌거나 제주도에 관한 어떤 표식을 한 세계지도는 없었다. 더구나 1642년에 제주도를 발견했던 배의 명칭을 따서 제주도를 명명했다면, 제주도와 당시 제주도가 속하였던 조선에 대한 지식이 전혀 없었던 사람들이 더 많았던 시기였다고 판단된다. 이후 하멜에 의한 표류기가 출판되었음에도 제주에 관한 지식이 서양에서 만들어진 지도에 표현되지 않았다는 것은 제주에 대한 지리적 지식이 보편화되지 않았다는 증거이다.

---

6) 퀠파르트(Quelpaert)라는 명칭은 1642년경 '갤리선 퀠파르트'라는 배가 항해하다가 제주도를 처음 발견하고 이 사실을 동인도회사에 보고하였으며 이후 그 배의 이름을 따서 퀠파르트섬이라 불리웠다(김태진 역, 27).

결국, 17세기 중엽까지 우리나라와 지리적으로 가장 가까운 일본이나 중국과는 오랜 교류로 제주에 대한 인지가 있었고, 제주와 오키나와의 교류가 이루어졌었음에도 제주에 대한 지리적 지식은 오랫동안 세계지도에 등장하지 않았다. 더불어 서양인들의 세계를 이해하는 정도 역시 매우 낮은 수준이었다고 판단된다.

그러나 하멜이 타이완을 거쳐 일본으로 항해하고 있었다는 것이나 마르코폴로가 저술한 중국여행기 등이 서양세계에 알려졌다는 것은 우리와는 달리 중국이나 일본은 서양인들이 많이 인지하고 있었던 것으로 판단된다. 이는 결국 17세기 중엽에서 약 200년간 만들어진 서양인들에 의한 지도 중에서 일본지도나 중국지도가 따로 만들어질 정도인 것에서도 증명된다(표 1).

반면에 중국에서 그려진 세계전도는 우리나라뿐만 아니라 제주에 대한 기록도 잘 나타나고 있다. 그 중에서도 1602년 제작된 〈곤여만국전도(坤輿萬國全圖)〉에는 제주도가 '고탐라(古耽羅)'와 '제주(濟州)'였음을 알려주는 지명이 기록되어 있다.[7] 이 〈곤여만국전도〉는 우리에게도 또 다른 세계가 있음을 알려준 최초의 지도이며 이후 우리나라에 대한 지리적 지식을 다른 세계 사람들에게 알려준 지도이다.

이후에 제작된 지도들은 새로운 지식의 축적을 통한 지도 제작이 아니라 거의 대부분 〈곤여만국전도〉를 그대로 모방한 지도가 주를 이루었다. 더구나 부분적으로는 지리적 지식의 후퇴가 나타나기도 했다. 예를 들면, 선교사 알레니가 1623년 제작한 〈만국전도〉에서 제주도는 여러 개의 섬 중 하나로밖에 표현되지 않았다.

7) 양보경, 「제주 고지도의 유형과 특징」, 『문화역사지리』 제13권 제2호, 2001, pp.81~102; 한영우·안휘준·배우성, 『우리 옛지도와 그 아름다움』, 효형출판, 1999.

또한 벨기에 출신의 선교사 페르비스트에 의해 제작된 〈곤여전도〉
에서는 우리나라는 길쭉한 반도로 표시되었으나 제주도의 모습은
표시조차 되지 않았다.

이러한 지도로 표시된 제주에 관한 인식은 중국과 일본과는 달
리 서양에서는 19세기 말이 될 때까지도 미미하였다고 보여 진다.
이는 우리나라에 대한 인지와도 상관되어지며 20세기에 들어서야
제주에 대한 인식이 새롭게 대두되었다고 판단된다.

Ⅳ. 나오는 말

일찍부터 사람들은 거주환경이 되는 지구에 대한 관심이 높았
다. 이러한 현상은 우리나라를 비롯하여 전 세계가 마찬가지였다.
기원전부터 주변지역에 대한 관심이 높아져 자신이 살고 있는 주변
지역뿐만 아니라 더 넓은 지역에 대한 관심으로 까지 이어지기 시
작하였다. 이러한 현상은 탐험으로 이어졌고, 탐험을 통해 얻은 지
식은 이를 바탕으로 현지답사로 이어졌다. 이를 통해 얻은 지식은
새로운 지역에 대한 지식으로 지도 작성에 이용되기도 하였다.

하멜이 일찍이 제주에 도착하였고, 나중에 표류기를 출판하
기도 하였으나 제주에 대한 지리적 지식은 넓게 확대되지 못하였
다. 이러한 현상은 17세기 중엽이 될 때까지 제주가 세계지도 상
에 나타나지 못하는 결과를 초래하였다. 17세기 중엽부터 약 200
여 년간 발행된 고지도에서 제주는 제주란 이름보다는 다른 이름
Fungma 또는 Fongma, Quelpaert, Citoch나 Kitchou 등의 지
명으로 나타났다.

비록 1602년 중국에서 최초로 만든 세계전도인 〈곤여만국전도
(坤輿萬國全圖)〉에는 제주도가 '고탐라(古耽羅)'와 '제주(濟州)'였음을 알

려주는 지명이 기록되어 있었으나 이러한 기록이 지속적으로 나타나지는 않았다. 또한 중국, 일본, 유쿠왕국 등과 같은 가까운 지역에서는 제주에 관한 기록을 보여주고 있었으나 전 세계지도에 나타난 제주는 결국 19세기 말, 20세기 초가 되어서야 서양인들에 의해 작성된 지도에 제주의 명칭과 함께 제주도의 정확한 위치 그리고 제주에 대한 기록이 나타났다.

결국, 우리 주변국가들은 일찍부터 우리나라와 교류가 이루어졌기 때문에 제주에 대하여 잘 알고 있었다고 판단된다. 그러나 서양 외국인은 20세기가 될 때까지도 제주도에 대한 정확한 인지를 갖도 있지 못했음을 알 수 있다. 따라서 서양 고지도를 통해 나타난 '제주'에 대한 지식은 제주도가 섬이며, 그 위치는 정확한 파악하고 있었으나 제주에 대한 정보 및 가치는 정확하지 못했다고 판단된다.

::참고문헌::

강준식, 『다시 읽는 하멜표류기』, 웅진닷컴, 2002.

국립제주박물관, 『19세기말 제주의 게엄사령관 찰리사 이규원』, 이혜은선생 기증유물 특별전, 통천문화사, 2004.

국립제주박물관, 『탐라와 유구왕국』, 해양문물교류특별전 II, 2007.

노정식, 「한국의 고(古)세계지도 연구」, 효성여자대학교 대학원 박사학위논문, 1992.

서정철, 「역사적으로 본 서구고지도에 나타난 한국」, 『지리학』 제24호, 1981, pp.39~54.

서정철, 『서양고지도와 한국』, 빛깔있는 책들 38, 대원사, 1991.

신복룡 역주, 『하멜표류기(H. 하멜 저)』, 한말 외국인 기록 10, 집문당, 1999.

양보경, 「제주 고지도의 유형과 특징」, 『문화역사지리』 제13권 제2호, 2001, pp.81~102.

이혜은, 「세계속의 제주도」, 『한국문화와 제주』, 국립제주박물관 편(국립제주박물관 문화총서 1), 서경문화사, 2003.

이혜은·이형근, 『만은 이규원의 울릉도 검찰일기』, 한국해양수산개발원, 2006.

한영우·안휘준·배우성, 『우리 옛지도와 그 아름다움』, 효형출판, 1999.

James, Preston E. and Geoffrey J. Martin, *All Possible Worlds: A History of Geographical Ideas*, 2nd ed.. John Wiley & Sons, 1981.

해양문화의 보고, 제주바다

제주 신창리
해저 유물과 교역로

한성욱
(민족문화유산연구원장)

| 제주 신창리 해저 유물과 교역로

제주 신창리
해저 유물과 교역로

I. 머리말

8세기 중국에서 자기가 본격적으로 생산되면서 대외 교역에서 자기가 차지하는 비중이 점차 증대되었다. 또한, 이들 자기를 운송하는 교통 수단이 조선술과 항해술의 발달로 해로(海路) 중심으로 이용되면서 자기의 대외 수출은 더욱 발전하였다. 바닷길은 풍랑의 위험에도 불구하고 많은 양의 자기를 육로보다 안전하게 운반할 수 있어 도자 교류를 더욱 확대하는 역할을 하였다. 따라서 중세 '도자기의 길'은 동서 교류의 주요한 통로 역할을 하면서 자기 이외의 다양한 문물을 전파하여 중세 문화 발전에 큰 기여를 하였다. 신창리 해저유적도 신안 방축리 해저유적과 함께 중세 '도자기의 길'을 입증하여 주는 중요한 유적으로 제주의 해양사적 위치를 잘 알려주고 있다.

신창리 해저유적은 북위 33° 20', 동경 126° 10'을 기준으로 한 공해상으로부터 남쪽으로 제주시 한경면 신창리 해안에 이르는 해역이다. 즉, 신창리 포구의 서쪽 끝에 위치한 마리여 등대에서 동북으로 480m, 신창리 포구 끝에서 정서 방향으로 775m 떨어진 지점에 위치한다. 마리여에서 신방파제 사이 직경 600~700m의 완만하게 만곡한 해안선을 따라 형성되어 있다. 수심은 대체로

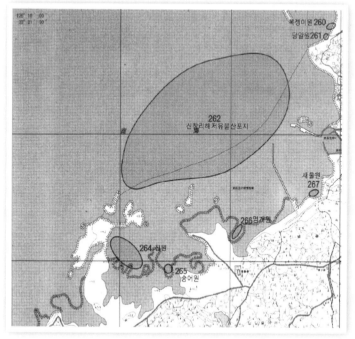

01 | 신창리 해저유적 위치

3m(최대 깊이 4.4m) 내외로 4~5톤 정도의 선박이 출입하기 어려울 정도로 작은 암초가 곳곳에 위치한다. 해저는 대부분 다공질의 현무암 암반으로 구성되어 있는데, 곳곳에 쪼개져 나간 암석들이 무리를 이루고 있으며 움푹 들어간 곳은 모래로 덮여 있다. 유물은 암반의 갈라진 틈새와 모래층 위에서 확인되고 있는데, 모래 속에도 매립되었을 가능성이 있다.

　제주는 입지적 조건으로 인해 일찍부터 한반도는 물론 중국과 일본을 연결하는 주요 교역로 역할을 하였다. 이는 각종 문헌 기록과 제주의 다양한 유적에서 출토되는 금속품과 도자기, 화폐 등의 유물을 통해서도 쉽게 알 수 있다. 특히, 신창리 해저유적에서 출

02 | 신창리 해저유적 조사광경

토되는 중국 청자는 국내 유적보다는 일본 남부지역에서 다량으로 확인되고 있어 경유지의 가능성을 입증하고 있다. 이 글에서는 신창리 해적유적에서 출수된 유물의 현황을 정리한 후 교역로와 그 성격 등을 살펴보고자 한다.[1]

II. 출수 유물의 현황

신창리 해저유적에서 출수된 유물은 자기 51점, 도기 6점, 금제 장신구 19점으로 모두 중국산이다. 출수 유물의 중심을 이루는 자기는 남송대(南宋代) 생산품으로 일부 호[壺(罐)]가 있으나 대부분 청자 대접이며 백자가 일부 확인된다. 청자에 시문된 무늬는 각획기법(刻劃技法, 음각수법)의 초화문과 구름문 등이 확인되며, 대접의 내

1) 이 글은(제주대학교박물관, 「신창리 해저유물 산포지」, 『북제주군의 문화유적』 Ⅰ, 1998; 제주대학교 탐라문화연구소, 『북제주군 문화유적분포지도』, 2002; 제주고고학연구소, 『동아시아 해상 무역로에서 제주도의 위상에 대한 실증적 연구-제주 신창리 해저유적 중국 도자기와 동시기 일본의 중국 도자기 수용 양상의 비교를 중심으로-』, 2016)을 중심으로 수정 가필하였다.

저원각(內底圓刻)에 '하빈유범(河濱遺范)'과[2] '금옥만당(金玉滿堂)'[3] 등의 글자를 시문한 청자도 있다. 이들 도자기는 국내에서는 거의 확인되지 않으나 일본에서는 대재부(大宰府)를 비롯한 구주지역(九州地域)과 남서제도(南西諸島)의 유적에서 쉽게 확인할 수 있으며, 신창리와 유사한 성격의 宇檢村 倉木崎 해저유적(海底遺蹟)이[4] 널리 알려져 있다. 따라서 이들 물품은 제주(濟州)를 포함한 고려(高麗)보다는 일본을 목적지로 선적되었던 것으로 판단된다. 즉, 제주를 경유하려고 하였거나, 일본을 목적지로 출항하였으나 풍랑 등으로 제주로 표류하였을 가능성이 있다.

1. 도자기

신창리 해저유적 출수 유물의 중심을 이루는 도자기는 남송대(南宋代) 생산품으로 壺(罐)가 일부 있으나 대부분 일상생활 용기인 녹갈색과 갈색의 유약이 시유된 청자 대접이며 백자가 일부 확인된다. 도자기 가운데 가장 많은 수량을 차지하는 것은 절강성(浙江省) 용천요(龍泉窯) 청자이며, 이외에 복건성(福建省) 일대의 요장에서 생산된 용천요 청자를 모방한 청백자와 백자, 흑갈유호 등이 있

---

2) 하빈(下濱)은 산동성(山東省) 황하(黃河)의 하반(河畔)을 이르는 지명으로 신화에 등장하는 삼황오제(三皇五帝) 가운데 한 사람인 순(舜) 임금이 미천하였을 때 이곳에서 질그릇을 만드니 찌그러지거나 흠이 있는 그릇은 하나도 내지 않았다는 것에서 유래한 고사성어이다(『孟子集註』 盡心上). 이후 이곳을 도자 제작의 모범으로 삼아 좋은 도자기를 만든다는 의미에서 하빈유범(河濱遺範)을 그릇에 새겼다고 한다. 즉, 도자 제작의 유래를 기리며 좋은 작품을 만들고자 하는 염원에서 고사성어를 명문으로 새긴 것이다.

3) 금옥관자(金玉貫子)가 집에 가득하다는 뜻으로, 금관자나 옥관자를 붙인 고위직의 어진 신하가 조정에 가득함을 비유한다.

4) 宇檢村敎育委員會, 『鹿兒島縣大島郡宇檢村倉木崎海底遺跡發掘調査報告書』, 1999.

표 01 | 제주 신창리 해저유적 출수 유물 현황

재질	산지	유형	기종	형식		수량	특징
				型	式		
瓷器 51	浙江省 龍泉窯系	青釉瓷	碗類	I	A	18	내측면 오엽화판문 획화 구름문, 내저 음각 화엽문
				I	B	15	내저 오엽 화판문 획화 절지화문, 내저 각획화 (절지)화훼문
				I	A또는 B	2	내저 문양 판독 불가
				I	C	6	내저면 河濱遺範과 金玉滿堂 명문
				기타		1	기형, 문양 확인 불가
				II	A	2	연판문완(深服形)
					B	1	연판문완(淺腹形)
	浙江省 추정	青釉瓷	壺(罐)類			1	낮은 권족
	福建省 閩淸 義窯	青釉瓷	楪匙(碟)			1	평저, 절복, 무문
	福建省 閩淸 義窯 등	白釉瓷	大楪(碗)			1	무문 내저 삽권
			楪匙(碟)			1	평저, 절복, 인화문
			注子			1	순구
			四耳壺			1	
陶器 6	福建省 磁竈窯 등	黑褐釉	壺(罐)類			6	
金屬 19	중국 남방	金製 裝身具	뒤꽂이 (釵)			17	∧형(무문 16점, 打出草花文 1점)
			팔찌 (鐲·釧)	I		1	C형(판형) 瑞獸形 首飾
				II		1	C형(선형) 瑞獸形 首飾
합 계						76	

다. 무늬는 각획기법(刻劃技法)으로 시문한 초화문과 구름문이 중심
을 이루며, 그릇 겉면에 양각 연판문을 시문한 사례도 있다. 그리
고 대접의 내저면에 사각 테두리를 두르고 그 내부에 '하빈유범(河
濱遺范)'과 '금옥만당(金玉滿堂)' 등의 명문(銘文)을 인장(印章)으로 새기
고 있는데, 이런 명문 대접은 남송대인 12세기 말에서 13세기 초
반 용천요(龍泉窯) 계통의 절강성 금촌요(金村窯)에서 제작되고 있어
제작 시기와 장소를 알려주는 중요한 자료이다. 이들 명문 청자는
일본 구주(九州)의 대재부(大宰府) 유적에서도 출토되고 있다. 복건
성(福建省) 도자는 민청요(閩淸窯)의 인화문 백자접시와 환계요(宦溪
窯) 등 민강(閩江) 하류 지역에서 생산된 백자사이호(白瓷四耳壺)와 정
확한 생산지를 알 수 없는 백자주자(白瓷注子), 복건성(福建省) 북부의
청자접시, 자조요(磁竈窯)의 도기병 등이 있다. 이외에 절강성(浙江
省) 북부에서 생산한 것으로 추정되는 호(壺)도 출수되었다.

용천요(龍泉窯) 각획화문(刻劃花文) 청자완의 양식은 용천(龍泉) 동
구지역(東區地域) 대백안요지(大白岸窯址) 발굴조사에 의하면 남송(南
宋) 조기(早期)에서 중기에 해당하며, 남송(南宋) 만기(晚期)로 이어지
고 있다.[5] 또한, 일본 대재부(大宰府)에서는 13세기 초반의 중심 기
종으로 확인되는데, 이 시기에 연판문 완이 출현하여 13세기 말경
까지 지속되며 13세기 중엽을 전후하여 연판의 너비가 세장한 연
판문 완이 등장하여 14세기 초엽까지 지속되고 있다.[6] 그리고 신
창리 해저유적 출수품은 구성과 양식적 측면에서 일본 엄미대도(奄

5) 浙江省文物考古研究所, 『龍泉東區窯址發掘調査報告』, 文物出版社, 2005.
6) 山本信夫, 「大宰府の13世紀中國陶磁の一群」, 『貿易陶磁研究』 10, 日本貿易陶
磁研究會, 1990; 森達也, 「宋·元代龍泉窯靑磁の編年的研究」, 『東洋陶磁』 29,
東洋陶磁學會, 2000; 森達也, 「宋·元代窖藏出土陶磁と龍泉窯靑磁の編年觀に
ついて」, 『貿易陶磁研究』 21, 日本貿易陶磁研究會, 2001; 申浚, 『元明時期 龍
泉窯硏究』, 北京大學 考古文博學院 博士學位論文, 2015.

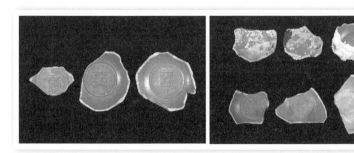

03 | 신창리 해저 출토 청자대접편

美大島) 창목기(倉木崎) 해저유적 출수품과 매우 비슷하다. 창목기(倉木崎) 해저유적은 남송 중기인 12세기 말 유적으로 1,593점의 도자기가 인양되었는데. 용천요(龍泉窯) 청자 1,173점, 용천요(龍泉窯)를 모방한 복건성(福建省) 보전요(莆田窯) 등의 청자류 210점, 복건성(福建省) 민청(閩淸) 의요(義窯) 백자 189점, 강서성(江西省) 경덕진요(景德鎭窯) 청백자 20점, 복건성(福建省) 건요(建窯) 흑유완 등이 확인되었다. 또한, 대부분 복건성(福建省) 생산품으로 추정되는 도기류 730점이 있다.[7] 이러한 특징은 중국 도자가 대량으로 발견된 복강(福岡) 박다(博多) 기원역(祇園驛) 출입구 1호 구덩이와[8] 구주(九州) 남부의 무역 거점인 녹아도(鹿兒島) 지체송(持體松) 유적에서도[9] 확인되고 있다.

신창리 해저유적과 비교되는 국내 유적은 태안 마도 해역으로 현재까지 송대(宋代) 복건지역(福建地域) 도자기가 가장 많이 출수된

7) 宇檢村敎育委員會, 『鹿兒島縣大島郡宇檢村 倉木崎海底遺跡發掘調査報告書』, 1999.
8) 池崎讓二, 「博多遺跡群祇園驛出入口1号土坑−龍泉窯·同安窯系青磁−」, 『季刊考古學』75, 雄山閣, 2001.
9) 宮下貴浩, 「中世前期の持體松遺跡−まとめにかえて−」, 『持體松遺跡第1次調査』, 金峰町敎育委員會, 1998.

곳으로 북송(北宋) 초부터 원대(元代)까지의 도자가 확인되고 있다. 마도 해저유적 출수품 가운데 신창리 유형과 비교되는 도자기는 12세기 후반~13세기 초기의 복건지역 백자와 13세기 전반~14세기 초반의 용천요 연판문완이 있다. 또한, 일본 박다지역(博多地域)에서 많이 확인되는 묵서명(墨書銘) 도자기가 출수되어 중국과 고려, 일본을 잇는 해상 무역망의 존재를 제시하고 있다.[10]

이를 종합하면 신창리 해저유적의 용천요(龍泉窯) 청자는 12세기 3/4분기에 성행하는 획화문완을 중심으로 13세기에 접어들면서 성행하는 연판문완이 조금 포함되어 있음을 알 수 있다. 이러한 상황을 고려하면 획화문완 성행기와 연판문완 성행기의 과도기에 해당하는 12세기 말부터 13세기 초를 중심 시기로 설정할 수 있으며 하한은 13세기 중반으로 추정된다.

2. 금제품

금제 장신구는 뒤꽂이 17점과 팔찌 2점 등 모두 19점이 출수되었다. 금은기는 도자기와 함께 중국의 주요 수출품 가운데 하나로 흑석호(黑石號, Belitung Wreck)와 인단(印壇, Intan Werck), 정리문(井裡汶, Cirebon Wreck), 남해(南海) 1호, 신안선(新安船) 등 중국과 아시아 해역의 중국 침몰선에서 반드시 확인되는 물품이다.[11] 그러나 현재까지 신창리 해저유적 출수품과 유사한 금제품은 중국 이외에서 발견된 사례가 거의 없다. 신창리에서 출수된 뒤꽂이와 팔찌는 송대(宋代)와 원대(元代)에 유행한 금은제(金銀製) 장신구의 전형적 양

---

10) 田中克子, 「한국의 태안 마도해역에서 출토된 중국 도자기로 본 동아시아해역 해상무역의 양상」, 『泰安 馬島 出水 中國陶磁器』, 국립해양문화재연구소, 2013.

11) 童歆, 「9至14世紀南海及周邊海域沉船出水中國産金屬器研究」, 北京大學 考古文博學院 碩士學位論文, 2014.

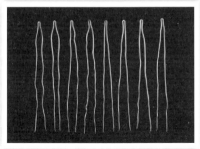 

04 | 신창리 해저 출토 금제 뒤꽂이　　　05 | 신창리 해저 출토 금제 팔찌

식이다. 금은(金銀) 장신구는 송·원시기 여인들의 필수 혼수품으로
널리 유행하였으며, 특히 신창리 출수의 뒤꽂이는 머리 장식을 대
표하는 채(釵)와 잠(簪) 가운데 채(釵)로 불리는 것으로 중국 각지의
무덤과 교장(窖藏) 유적에서 발견되고 있다.[12]

　신창리 해저유적 뒤꽂이는 젓가락 모양으로 뻗은 긴 두 다리가
∧형으로 만나는 형태로 다리를 절반으로 꺾어 만든 '절고채(折股
釵)' 형식이다.[13] 윗부분에 초화문이 음각된 1점을 제외하고 나머
지는 문양이 없으며 긴 다리가 비교적 가늘고 고르게 뻗어 있다.
초화문이 장식된 1점은 원대(元代)에 제작된 뒤꽂이에 비하면 장식
이 다소 단순하여 남송대(南宋代)에 제작된 것으로 판단된다. 팔찌
2점은 끝이 트인 C형으로 탁(鐲) 혹은 천(釧)으로 불리며, 좌우 양
끝에 용의 머리로 추정되는 서수형(瑞獸形) 장식을 갖추고 있다. 신
창리 출수의 금제 뒤꽂이와 팔찌는 형태와 장식에서 타조(打造)에
의한 비교적 단조로운 의장을 지니고 있어 12세기 중반 남송 전기

---

12) 揚之水, 『奢華之色 : 宋元明金銀器硏究』 3, 中華書局, 2011; 喻燕姣, 『湖南出
　　土金銀器』, 湖南美術出版社, 2009.
13) 揚之水, 『奢華之色 : 宋元明金銀器硏究』 1, 中華書局, 2010.

에 제작된 것으로 추정된다.

Ⅲ. 교역로

신창리 해저유적의 출수품을 선적한 선박은 출수 도자의 현황과 성격으로 보아 복건성(福建省) 복주(福州)에서 출항한 다음 절강성(浙江省) 명주(明州, 寧波)를 경유하여 일본을 목적지로 항해하였던 것으로 판단된다. 남송대(南宋代)에 중국에서 일본으로 향하는 무역선은 일반적으로 영파(寧波)의 시박사(市舶使)로부터 공빙(公憑)을 받아야 했기 때문이다. 명주(明州)는 복건(福建)을 비롯하여 광동(廣東, 閩廣)과도 연결되는 항로가 있었으며 송대(宋代)에 고려와 일본을 왕래하는 중국 상인의 상당수는 복건(福建) 사람이었다. 일본에서 발견되는 복건(福建) 도자는 주로 민강(閩江) 유역과 민중(閩中) 지역 제품이 중심이며, 덕화요(德化窯) 계통의 자기는 거의 볼 수 없다. 이는 일본 무역선의 출발지가 민남(閩南)의 천주(泉州)가 아니고 민북(閩北)의 복주(福州)였기 때문으로 추정된다. 즉, 동남아시아와 서아시아의 도자 수출은 천주(泉州)를 거점으로 하였으며, 일본은 복주(福州)를 중심으로 실시되었던 것이다. 한편, 민남(閩南)의 덕화요(德化窯) 제품이 일본에 수출되지 않았던 것과는 대조적으로 같은 민남(閩南)에 있으며 천주(泉州)와 인접한 자조요(磁竈窯) 제품은 일본에서 상당히 확인되고 있다. 이는 청자와 백자를 생산하였던 가마는 매우 많았으나 대형의 호(壺)와 옹(甕), 세(洗), 발(鉢) 등의 일용 잡기를 생산하는 가마는 자조요(磁竈窯)와 복주(福州)의 홍당요(洪塘窯), 남평(南平)의 다양요(茶洋窯), 복청(福淸)의 동장요(東張窯), 장포요(漳浦窯) 등 소수만 운영되었기 때문이다. 특히, 자조요(磁竈窯)는 규모가 크

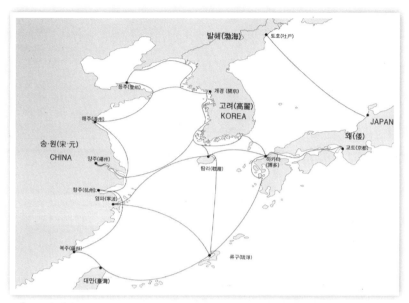

06 | 중세 항해도

고 생산량이 많아 국내 수요를 채울 뿐만 아니라 세계에 수출되었
다. 그러나 자조요(磁竈窯)의 호(壺)와 옹(甕) 같은 도기류는 그 자체
가 상품으로 선적된 것은 아니며, 그릇 안에 액체 등을 넣기 위한
포장 용기나 선상 생활용기로 사용하기 위해 옮겨진 것으로 자기의
유통 구조와는 차이가 있다.

　　송대에 중국에서 일본에 이르는 주요 항로는 영파(寧波)을 출항
하여 박다(博多)로 항해하였음은 널리 알려져 있다. 그러나 복건(福
建) 도자, 특히 민북(閩北) 지역의 제품을 선적하고 있어 문헌에는 없
으나 복주(福州)에서 직접 출발하는 항로가 존재하였을 가능성도 있
다. 즉, 유구제도(琉球諸島) 주변의 해류와 계절풍을 이용하여 복건

성(福建省)에서 유구제도(琉球諸島)를 거쳐 구주(九州)에 이르거나[14]
복건성(福建省)에서 대만(臺灣) 북부를 거쳐 유구제도(琉球諸島)를 북
상하여 구주(九州)에 이르는 항로를 이용하였을 가능성이 있다.[15]
복주(福州)에서 출항할 경우 신창리 해저유적에 선적된 용천(龍泉)
청자는 국내 수송로를 경유하여 복주(福州)로 운반되었을 것으로 판
단된다. 하지만 이 항로는 시박사(市舶使)의 공빙(公憑)을 받지 않은
밀무역선일 가능성이 있어 복주(福州) → 영파(寧波) → 박다(博多) 항
로가 보다 일반적인 항로였던 것으로 판단된다.

　신창리 해저유적에서 출수되는 청자는 국내의 경우 제주 고내
리 유적과[16] 화순 쌍봉사[17] 등 매우 한정된 곳에서 소량 확인되고
있어 일본이 목적지였던 것으로 판단된다. 한편, 고내리 유적에서
는 신창리 해저유적 출수품과 유사한 청자와 함께 북송대(北宋代)의
희녕원보(熙寧元寶, 1068~1077)와 소성원보(紹聖元寶, 1094~1098) 등
이 출토되어 제주가 중국과 고려, 일본을 잇는 중간 기착지 혹은 목
적지였음을 뒷받침하고 있다. 또한, 『동사강목(東史綱目)』 문종 9년
(1055) 2월조에 "… 이때 송과 일본, 탐라, 글안, 흑수 등 여러 나라
상인들이 왕래하며 무역을 하였으므로 진귀한 보배가 가득하였다"
라는 기록이 있어 탐라 상인들이 송이나 일본 상인들과 직·간접
적으로 접촉하였음을 알 수 있다. 이는 수정사지와[18] 법화사지,[19]

14) 金澤陽, 「倉木崎"沈船"考」, 『鹿兒島縣大島郡宇檢村倉木崎海底遺跡發掘調査報
　　告書』, 宇檢村教育委員會, 1999.
15) 森達也, 「從出土陶瓷來見宋元時期福建和日本的貿易路線」, 『閩商文化研究文庫』
　　2-考古學的視野中的閩商-, 中華書局, 2010.
16) 강창화, 「제주 고내리 유적 발굴보고」, 『한국 고고학의 반세기』, 한국고고학회,
　　1995.
17) 목포대학교박물관, 『쌍봉사』, 1996.
18) 제주대학교박물관, 『수정사지』, 2000.
19) 제주대학교박물관, 『법화사지』, 1997.

항파두리성[20] 등에서 출토된 송·원대 도자를 통해서도 쉽게 알 수 있다. 이와 같은 해상 교역은 고대부터 확인되는데, 절강성 월주요 청자가 출토된 용담동 제사유적을[21] 비롯하여 『북사(北史)』와 『수서(隋書)』 백제전(百濟傳) 등의 기록을 통해서도 알 수 있다. 또한, 산지항에서 발견된 오수전(五銖錢)과 대천오십(大泉五十), 화천(貨泉) 등의 한대(漢代) 화폐, 용담동 무덤 출토 유리구슬, 삼양동 출토 환옥 등도 이를 뒷받침하고 있다.

Ⅳ. 맺음말

신창리 해저유적에서 출수된 유물은 자기 51점, 도기 6점, 금제 장신구 19점으로 모두 중국산이다. 출수 유물의 중심을 이루는 자기는 남송대(南宋代) 생산품으로 일부 호[壺(罐)]가 있으나 일상생활 용기인 대접이 대부분이다. 특히, 가장 많이 출수된 용천요(龍泉窯) 청자(靑瓷)는 국내에서는 매우 한정적으로 확인되고 있으나 일본의 경우 구주지역(九州地域)에서 대량으로 확인되고 있다. 따라서 신창리 해저 유적은 고려시대인 12세기 말~13세기 초 중국의 복건성(福建省) 복주(福州)를 출항하여 절강성(浙江省) 명주(明州)를 경유한 다음 일본 구주(九州)의 박다(博多)를 목적지로 출항하였던 선박의 흔적임을 알 수 있다. 이 선박이 제주를 경유하면서 난파하였을 가능성과 박다(博多)를 목적지로 항해하였으나 풍랑으로 제주로 표류하였는지는 분명하지 않다. 한편, 이 선박이 제주를 경유하여 항해

---

20) 제주문화예술재단 문화재연구소, 『제주항파두리 항몽유적지 학술조사 및 종합 기본정비계획』, 2002; 제주학회·제주고고학연구소, 『제주 항파두리 항몽유적의 지속가능한 보존과 활용방안』, 2015.
21) 제주대학교박물관, 『제주시 용담동 유적』, 1993.

하였을 가능성이 높아 이 시기 일반적 해로인 복주(福州) → 영파(寧波) → 고려(高麗)와 복주(福州) → 영파(寧波) → 박다(博多)로 이어지는 항로에서 제주가 중간 경유지로 매우 중요한 역할을 하였던 것으로 판단된다.

신창리 해적유적은 선박이 확인되지 않았으며, 출수 유물도 많지 않아 연구에 어려움이 많다. 그러나 고려와 중국, 일본의 교역과 항로 등을 연구하는데 매우 중요한 자료로 이에 대한 정리와 연구가 지속적으로 이루어져야 하겠다. 또한, 현재까지 중국에서만 사례가 확인되고 있는 금제 장신구에 대한 심층적 연구와 과학적 분석 등을 실시하여 보다 정확한 생산지와 제작 기법 등을 밝힐 필요성이 있다. 그리고 무엇보다 국내에서 출토된 관련 유물과의 비교 검토를 통해 교역과 유통 경로 등을 밝힐 필요성이 있다.

해양문화의 보고, 제주바다

표류와 해양문화의 기록,
표해록

윤치부
(제주대학교 교육대학 국어교육전공 교수)

| 표류와 해양문화의 기록, 표해록

표류와 해양문화의 기록,
표해록

I. 표해록이란 무엇인가

표해록이란 바다에서 뜻밖에 풍랑을 만나 표류하면서 체험했던 사실과 느낌이나 표류지역의 형승·산천·기후·성곽·궁실·인가· 언어·의복·음식·풍속·토산 등의 견문을 일기체·문답체·노정기 체·풍토기체·설화체 형식으로 쓴 기행문 형식의 해양문학 작품이 다. 대부분의 작품이 한문으로 된 기행수필이지만 국한문 혼용의 가사나 한문단편 작품도 있다. 이러한 표해록은 표류자가 직접 쓰 거나, 표류자의 체험담과 견문을 듣고 제삼자가 기록하여 독립된 작품으로 전해지는 경우, 또는 표류했던 사실이 제삼자에 의해 기 록되어 옛 문헌에 간접적으로 전해지는 경우 등 그 저술과정이 다 양하다.[1]

---

[1] 서양에서의 표류기의 기원은 우리보다 훨씬 이전부터 찾을 수 있으니 호메로스 (Homeros)의 「오딧세이아」를 시발로 다니엘 데포(Daniel Defoe)의 「로빈손크 루소」, 알바르 누녜스 카베사 데 바카(Alvar Núñez Cabeza de Vaca)의 「조 난일기」, 하이에르달(Thor Heyerdahl)의 「콘티키호탐험기」, 하멜(Hendrick Hamel)의 「하멜표류기」, 나다니엘 필브릭(Nathaniel Philbrick)의 「애식스호의 조난기」, 모리스 부부(Maurice & Maralyn Bailey)의 「베일리부부표류기」 등을 들 수 있다.

II. 제주와 관련된 표해록 작품은?

　탐라국의 건국신화를 보면 고을나(高乙那)·양을나(良乙那)·부을나(夫乙那) 세 명의 신인(神人)이 땅 속에서 나온 다음, 바다에서 표착(漂着)한 공주들과 혼인함으로써 〈삼성신화〉는 표류와 관련이 있음을 말해준다. 이처럼 제주는 지리적으로 예로부터 표류 내지는 표착과 관련이 깊을 수밖에 없었다. 특히 제주 근해에서 표류된 경우는 허다하여 그 기록이 『고려사』[2]나 『조선왕조실록』 등은 물론 『탐라기년』[3]이나 『제주계록』[4] 등에도 비교적 상세하게 전해지고 있다. 이들 문헌에 처음으로 나타나는 표류의 기록은 고려시대부터 간헐적으로 나타나다가 조선시대에 들어서면서 기하급수적으로 늘어나고 있는데, 표류지역도 일본과 중국뿐만 아니라 유구와 안남에까지 확대되는 양상을 보여준다.[5] 이 글에서는 독립된 표해록 작

---

2)　동아대학교고전연구실 편, 『역주 고려사』, 동아대학교출판사, 1965.

3)　김석익(홍기표·백규상·김새미오·손기범 공역), 『역주 탐라기년』, 제주문화원, 2016.

4)　고창석·김상옥 역, 『제주계록』, 제주발전연구원, 2012.

5)　고려시대 일본에 표류되었다가 돌아온 제주 사람들 중에는 1026년(현종 20) 7월 정일(貞一) 일행, 1078년(문종 32) 9월 고여(高礪) 등 18인이 있으며, 중국에 표류되었다가 돌아온 제주 사람들 중에는 1088년(선종 5) 7월 송나라 명주(明州)에 표류되었던 용협(用協) 등 10인, 1097년(숙종 2) 6월 송나라에 표류되었던 자신(子信) 등 3인, 1099년(숙종 4) 7월 송나라에 표류되었던 조섬(趙暹) 등 6인, 1229년(고종 16) 2월 송나라에 표류되었던 양용재(梁用才) 등 28인, 1379년(우왕 5) 홍인륭(洪仁隆) 등 13인이 있다. 조선시대 일본에 표류했던 제주 사람들은 1443년(세종 25) 김목(金目)·김막(金莫) 형제, 1453년(단종 1) 이(李)·김(金) 등 7인, 1467년(세조 13) 김석이(金石伊) 등 2인, 1484년(성종 15) 존자암승(尊者庵僧) 사식(斯湜) 등 9인, 1501년(연산군 7) 정회이(梃廻伊) 등, 1536년(중종 31) 김공(金公) 등 14인, 1540년(중종 35) 강연공(姜衍恭) 등 19인, 1665년(현종 6) 김원상(金元祥) 등, 1714년(숙종 40) 정창선(奠廠選), 1798년(정조 22) 조필혁(趙必赫)·이원갑(李元甲) 등, 1815년(순조 15) 정의현감 이종덕(李種德) 등, 1846년(헌종 12) 김봉길(金奉吉) 등 3인, 1487년(헌종 13) 압령(押領) 김태진(金泰鎭) 등 7인, 1900년(광무 4) 허희일

품으로 전해지는 최부의 〈금남표해록〉, 장한철의 〈표해록〉, 최두
찬의 〈승사록〉을 비롯하여 표류의 전말이 비교적 상세하게 전해지
는 김비의 일행의 〈표류기〉, 고상영 일행의 〈표류기〉, 이방익의 〈표
해록〉을 중심으로 살펴보고자 한다.

1. 김비의의 표류기

1) 작자

조선조 성종 때 진상품을 운반했던 사람이다. 일명 김비을개(金
非乙介)이다. 1479년(성종 10) 5월 강무(姜茂)·이정(李正) 등 세 사람
과 유구에 표류되었다가 돌아왔다.

(許希一) 등 93명이 있고, 조선시대 중국에 표류했던 제주 사람들은 1443년(세
종 25) 강권두(姜權豆)·죄괴실(趙怪實)·김초송(金草松) 등, 1447년(세종 29)
12월 김원(金元) 등 13인, 1471년(성종 2) 김배회(金杯廻) 등 7인, 1483년(성
종 14) 정의현감 이섬(李暹) 등 47인, 1488년(성종 19) 최부(崔溥) 등, 1507
년(중종 2) 이복대(李福大) 등 7인, 1511년(중종 6) 고치강(高致江) 등 17
인, 1512년(중종 7) 김일산(金一山) 등 9인, 1527년(중종 22) 이근(李根) 등,
1534년(중종 29) 김기손(金紀孫) 등 12인, 1542년(중종 37) 이개질(李介叱)
등 21인, 1547년(명종 2) 김만현(金萬賢) 등 64인, 1576년(선조 9) 양준(梁
俊) 등 22인, 1770년(영조 46) 부차길(夫次吉) 등 22인, 1779년(정조 2) 고수
만(高守萬) 등 41인, 1794년(정조 18) 송경천(宋擎天) 등, 1797년(정조 21)
이방익(李邦翼) 등, 1838년(헌종 4) 고한록(高漢祿), 1847년(헌종 13) 김상로
(金尙魯) 등 14인 등이 있고, 조선시대 유구에 표류했던 제주 사람들은 1457년
(세조 3) 한금광(韓金光)·김신(金新)·석을이(石乙伊) 등, 1458년(세조 4) 복
산(卜山) 등 3인, 1461년(세조 7) 양성(梁成)·고석수(高石壽) 등, 1479년(성
종 10) 김비의(金非衣)·강무(姜茂)·이정(李正) 등, 1546년(명종 1) 박손(朴孫)
등, 1770년(영조 46) 년 장한철(張漢喆), 1851년(철종 2) 임상일(任尙日) 등 7
인, 1857년(철종 8) 한치득(韓致得) 등 2인, 1867년(고종 4) 문백익(文白益)
등 15인이 있고, 조선시대 안남에 표류했던 제주 사람은 고상영(高商英) 등 24
인이 있다.

2) 저술과정

김비의 일행의 〈표류기〉는 생환인 김비의·강무·이정 등이 직접 기록한 것이 아니다. 그들은 제주목사 정향(鄭亨)의 명을 받아 진상할 감귤을 거룻배에 싣고 운반하는 책무를 띤 뱃사공들이었기에 스스로 표류기를 적을 만한 능력이 없었던 것으로 보인다. 만약 그들 생환인 중 한문이나 글쓰기에 어느 정도 능력이 있었다고 한다면 장한철처럼 별도의 〈표해록〉 작품을 남길 수도 있었을 것이기 때문이다.

그런데 이 〈표류기〉는 당시 성종이 홍문관에 명하여 표류의 전말을 써서 아뢰도록 기록하고 있는 바[6] 이는 홍문관에서 표류인들의 구술을 듣고 기록하여 성종께 알린 것이 『성종실록』에 전하게 된 것이다.

성종 10년 5월 16일조에 보면 선위사(宣慰使) 이칙(李則)이 치계(馳啓)하여 유구국 사신 상관인(上官人) 신시라(新時羅) 등 219인과 제주 표류인 김비의 등이 세 척의 배에 나누어 타고 염포에 도착한 내용과 표류인들의 표류사실을 요약하여 기술하고 있다. 또한 성종 10년 6월 10일조에는 더 자세하게 표류의 전말을 기록하고 있다. 그러나 일부 섬의 명칭에 있어서는 표기가 다른데, 이를테면 6월 10일조에는 유구의 풍속에 의하면 섬[島]을 '시마(是麼)'라 한다 하여 윤이시마(閏伊是麼) 등으로 적고 있다. 뿐만 아니라 일부 섬의 명칭에 있어서도 표기를 달리하고 있는데,[7] 이는 일부 표류인들의 인명에서도 나타나는 차이와 같은 현상이라고 생각된다.

---

6) 『성종실록』 성종 10년 6월 을미조, 上令弘文館, 書其言以啓.
7) 이런 사실은 閏伊是麼(允伊島)·捕月老麻是麼(悖突麻島) 등에서 나타난다.

3) 내용

1477년(성종 8) 2월 1일 김비의 일행은 진상할 감귤을 배수(陪受)하고 제주에서 출범하여 추자도를 지나갈 무렵 홀연히 돌풍이 크게 일어나 서쪽으로 표류하게 된다. 처음 출발한 날로부터 제6일까지는 바다가 맑고 푸르렀으나 제7일, 제8일의 이틀 동안은 바다가 흐렸다. 제9일에는 또 서풍을 만나 남쪽으로 표류하니 바닷물은 맑고 푸르렀다. 제14일 되는 날 한 작은 섬을 바라보게 되었는데, 미쳐 해안에 닿지 못하고 키가 부러지고 배가 파손되어 현세수(玄世守)·김득산(金得山)·이청민(李淸敏)·양성돌(梁成突)·조귀봉(曺貴奉) 등은 모두 익사하고 배에 실었던 장비들도 역시 침몰되었다. 생존한 김비의·강무·이정 등은 한 판자에 타서 바다를 떠다니다가 고기잡이 배 두 척에 구조되어 한 섬에 도착하는데 윤이시마(閏伊是麼)라는 곳이었다.

처음에는 섬사람들이 쌀죽과 마늘을 가지고 와서 먹여 주더니 저녁부터는 쌀밥과 탁주와 말린 바닷고기를 주었다. 7일을 바닷가 노막(蘆幕)에서 지내다가 인가로 옮겨져 번갈아가면서 먹여 주는데, 한 마을에서 먹여 주는 것이 끝나면 곧 다른 마을로 보내졌다. 한 달 뒤에는 표류인들을 세 마을에 나누어 역시 차례로 돌아가며 대접하는데, 무릇 하루 세 때 술과 밥을 먹여 주었다.

김비의 일행은 고향을 생각하며 항상 울었는데, 그 섬사람이 햇벼 줄기와 옛 벼 줄기를 뽑아 가지고 와서 비교하며 동쪽을 향하여 이를 불었다. 그 뜻은 대개 햇벼가 옛 벼와 같이 익으면 마땅히 출발하여 돌아가게 될 것이라는 것을 말하려는 것이었다. 7월 그믐에 이르자 남풍이 부는 것을 기다려 섬사람 13인이 김비의 일행과 같이 양식과 탁주를 준비하여 한 배에 타고서서 일주야 반을 항해하여 소내시마(所乃是麼)에 도착했다.

이후 여러 섬을 지나 유구국 해안에 닿았다. 유구국왕이 호송인을 포상하여 각기 청홍면포를 하사하고 술과 밥을 후하게 대접하여 종일 취하였고 그 사람들은 하사받은 면포로 옷을 만들어 입고 한 달을 머물다가 본 섬으로 돌아갔다.

표류인들은 석 달을 체류하다가 통사(通事)에게 말하여 본국으로 돌아가기를 청하는데, 통사가 국왕에게 주달하니 마침 일본의 패가대인(覇家臺人) 신이사랑(新伊四郎) 편에 귀환길에 오르게 하였다. 이때 유국 국왕은 돈 1만 5천 문, 후추 1백 5십 근, 청염포(靑染布)·당면포(唐綿布)를 각각 3필, 또 석 달치 양식 5백 6십 근, 염장(鹽醬)·어염(魚鹽)·왕골자리·칠목기(漆木器)·밥상 등의 물건을 주었다.

8월 1일 신이사랑 등과 출범하여 3주야 만에 타가서포(打家西浦)에 다다라 여섯 달을 머물고, 1479년(성종 10) 2월 일기도(一岐島)에 도착하고, 3일 후 대마도에 도착한다. 여기서 바람을 기다리다가 4월에 염포에 도착하는데, 이때 울산군수(蔚山郡守)가 각각 삿갓과 베 한 필씩을 주어서 생환인들이 옷을 만들어 입고 서울까지 가게 되었다.

2. 최부의 금남표해록

1) 작자

본명은 최부(崔溥)이다. 자는 연연(淵淵)이고, 호는 금남(錦南)이다. 1454년(단종 2) 전라남도 나주(羅州)에서 출생했다. 본관은 탐진(耽津)이다. 아버지는 진사 최택(崔澤)이다. 김종직(金宗直)의 문인(門人)이다. 1478년(성종 9) 성균관에 들어가 신종호(申從濩)와 더불어 문명을 떨쳤고, 김굉필(金宏弼) 등 동학들과 정분을 두터이 하였다. 29세 때인 1482년(성종 13) 임인(壬寅) 알성시(謁聖試천) 을과(乙科) 1

위로 급제하였다(3/11). 1486년(성종 17) 병오(丙午) 중시(重試) 을과
(乙科) 1위로 급제하였다(2/8).

천시문과에 을과로 급제한 후 교서관저작(校書館著作)·박사(博士)
·군자감주부(軍資監主簿)·수찬(修撰) 등을 지냈다. 문과중시에 을과
로 급제한 후 홍문관교리로 임명되었고 사가독서(賜暇讀書)하였다.

1487년(성종 18) 제주 등 3읍의 추쇄경차관(推刷敬差官)으로 제주
에 건너갔는데, 이듬해 초에 부친상의 기별을 받고 고향으로 급히
오는 도중에 풍랑을 만났다. 이에 34인이 탄 배는 동지나해를 표
류하다가 해적선을 만나 물건을 빼앗기는 등 곤욕을 치르고 결국
명나라 절강성(浙江省) 영파부(寧波府)에 표착하였다. 처음 왜구로 오
인되어 몰살당할 뻔했으나 어둠을 이용하여 빠져나와 조선 관원이
라는 것을 간신히 승복시켜 일행은 북경으로 보내졌다가 반년 만에
귀국했다. 그 동안 그는 상신(喪身)으로서 어떠한 경우에도 상복을
벗을 수 없다고 고집하여 많은 어려움을 겪으면서도 유가의 예와
윤리의 원칙에 대한 타협을 거부하였다.

그가 귀국하자 성종은 8,000리 길을 거쳐 온 중국 땅에서의 견
문을 기술하여 바치도록 명하였다. 이에 그는 남대문 밖에서 8일
간 머무르면서 기술했는데, 이것이 『금남표해록(錦南漂海錄)』3권이
다. 중국 연안의 해로, 기후·산천·도로·관부(官府)·풍속·민요 등
을 소개하였으며, 특히 수차(水車)의 제작과 이용법을 배워 충청도
지방의 가뭄 때 이를 사용케 하여 많은 도움을 주었다. 그리고 고
향으로 달려가 여막을 지키다가 또 다시 모친상을 당하여 다시 삼
년상을 지냈다.

1491년 지평에 임명되었는데 사헌부에서 서경(署經)을 거부하
여 1년 후에 홍문관교리로서 경연관(經筵官)이 되었다. 그러나 여기
서도 말썽이 많아 결국 승문원교리로서 낙착되고 말았다. 말썽의
골자는 친상을 당한 그가 중국에서 돌아오는 길로 곧장 고향으로

달려가야 할 것인데도, 아무리 군명(君命)이라 할지라도 한가하게 기행문이나 쓰고 있었던 것은 도리에 어긋나기 때문에 관직을 맡길 수 없다는 것이었다. 이 문제로 찬성과 반대가 들끓었는데, 성종의 두호에도 불구하고 그의 임명은 관철되지 못하였다. 이것은 사헌부·사간원을 중심으로 한 세력이 행정부 및 홍문관의 세력과 대립한 데에서 빚어진 바 컸다.

그 뒤 그는 연산군 때 일찍이 중국에서 배워온 수차(水車) 제도를 관개(灌漑)에 응용하는 시도도 했고, 또 질정관(質正官)으로서 명나라에 다녀왔다. 그러나 연산군의 잘못을 극간하고 공경대신들을 통렬히 비판하다가 1498년 무오사화(戊午士禍) 때 김종직(金宗直)의 문인으로 붕당을 조직하여 국정을 비방했다는 죄로 함경도 단천(端川)에 유배되었다.

1504년(연산군 10) 향년 51세로 갑자사화(甲子士禍) 때 처형되었다.

1485년 서거정(徐居正) 등과 함께 『동국통감(東國通鑑)』 편찬에 참여하였는데, 그 속의 논(論) 120편을 집필하여 논지가 명백하고 정확하다 하여 칭찬받았다. 이듬해 『동국여지승람(東國輿地勝覽)』 편찬을 완성하는 단계에서 참여하였다.

저서에 5권 5책의 목활자본 『금남집(錦南集)』이 있다. 외손자인 유희춘(柳希春)이 편집하여 1571년(선조 4)에 간행하였다.

2) 저술과정

최부의 〈금남표해록〉이 3권으로 나오기까지는 문사로서 그가 겪은 사실들에 대해 간단하게나마 적기한 것이 그 바탕이 되었을 것으로 짐작된다. 그러나 〈금남표해록〉이 기록된 직접적인 까닭은 성종의 글을 지어 바치도록 하는 명령이었다. 이러한 찬진(撰進) 명령은 비단 성종에 국한된 것만이 아니며, 김기손(金紀孫)·정회이(根

廻尹)·초득성(肖得誠)·양성(梁成) 일행의 〈표류기〉에서도 당시의 세
조·연산군·중종 등에 의해서 찾아볼 수 있는데, 특히 성종의 경우
김비의나 이섬(李暹)의 〈표류기〉 경우에도 직접 표류의 전말을 보고
하도록 승정원이나 홍문관 등에게 명하고 있다.

이에 따라 최부는 한양에 돌아오자마자 남대문 밖 청파역(靑坡
驛)에서 여러 날을 머물면서 표류의 전말을 일기로 지어 바쳤다. 이
때 그는 초상(初喪)이라서 조문을 받지 않았어야 하는데, 이따금 사
람들을 만나 담화하며 자신이 표류하면서 고생했던 이야기를 하게
됨으로써 비방을 받게 된다. 그런가 하면 상을 당한 최부가 아무리
군명(君命)이라 할지라도 도중에서 한가롭게 일기나 쓰고 있었던 것
은 군자의 도리에 어긋나며, 상주의 예를 다하지 못했다 하여 끊임
없는 시빗거리가 된다.

3) 내용

1488년(성종 18) 1월 제주추쇄경차관(濟州推刷敬差官)이던 최부는
부친상으로 인해 일행 42명과 제주를 출발했다가 풍랑으로 표류
하여 중국 절강성 영파부에 표착한다. 우도외양(牛頭外洋)에 정박하
기 전에 도적을 만나 생명의 위협을 당하기도 하고 중국 관원들에
게 왜구로 오인되기도 하나 문답을 통해 조선인임을 입증한다. 북
경에 도착하기까지 여러 지역을 지나면서 유적들을 관람한다. 북
경 옥하관(玉河館)에 머문 지 수일 만에 조선국 표류인임이 완전 판
명되고 상사(賞賜)와 은전(恩典)이 주어지고 이에 이튿날 대궐에 들
어가 황제의 은혜에 사례한다. 산해관·요동·압록강을 건너 의주
성에 도착한다.

4) 이본

최부의 〈금남표해록〉은 조선시대에 간행된 판본만 6종이 있다.

1488년(성종 19) 6월에 명나라에서 귀환한 최부가 국왕의 명에 따라 쓴 보고서 〈중조견문일기(中朝聞見日記)〉가 승문원(承文院)에 보관되어 오다가 〈표해록〉이란 제명의 동활자본(銅活字本)으로 맨 처음 간행되었다. 현재 일본의 동양문고(東洋文庫)에 완본이 소장되어 있고, 고려대학교도서관 화산문고(華山文庫)에는 권1만 소장되어 있는 이 초간본 〈표해록〉의 활자명은 초주갑인자(初鑄甲寅字)이다. 이후 최부의 외손자인 유희춘에 의해 1569년(선조 2) 양명문고본과 1573년(선조 6) 금택문고본이 각각 관찰사의 도움을 받아 정주와 남원에서 목판본으로 간행되었다. 임진왜란 이전에 간행된 이 3종 판본은 일본의 세 문고에만 완본이 수장되어 있다. 임진왜란 이후 간행된 3종 판본은 한국에 남아 있는데, 모두 후손들이 최부의 문집인『금남집』간행사업의 일환으로 간행한 것이다. 이 가운데 1677년(숙종 3)의 규장각본과 1725년(영조 1)의 장서각본은 나주에서 목판본으로 간행되었다. 1896년(고종 33)에 강진에서 간행된 화산문고본은 목활자본으로서, 내용에 착오가 많다.[8]

3. 고상영 일행의 표류기

1) 저술과정

1727년(영조 3) 역관 이제담(李齊耼)이 제주에 왔다가 제주 사람 고상영(高商英)을 만나 안남에 표류했던 전말을 듣고 기록한 것이 다시 정동유(鄭東愈)의『주영편(晝永編)』상에 옮겨 싣게 되었다.[9] 고

---

8) 박원호,「최부『표해록』판본고」,『서지학연구』26, 한국서지학회, 2003, pp.103~132.
9) 정동유(남만성 역),『주영편』상, 을유문화사, 1974, p.238.

상영 일행의 안남 표류기는 『숙종실록』에도 수록되었는데,[10] 김대황(金大璜)이 일행이었음을 알 수 있다. 그들은 배를 타고 올 때 약속한 쌀 육백 포(包)를 보상할 능력이 없어 조정에서 변상하고 있으며, 중국인 주한원(朱漢源) 일행 28인은 수로가 아닌 육로로 돌아가고 있다.

2) 내용

1687년(숙종 13) 제주의 아전과 백성 24인이 함께 배를 타고 추자도 근해에 이르렀을 때에 큰 바람을 만나 표류하여 그 해 10월에 안남국 회안군(會安郡) 명덕부(明德府)에 표착한다. 흑의관원(黑衣官員)이 말하기를 안남 태자가 조선 사람에게 죽임을 당하였으니 장차 표류자 일행을 죽이겠다고 할 무렵 금의패옥(錦衣佩玉) 부인의 배려로 죽음을 면하고 한 섬에 거주하도록 허락받는다. 뱃머리에서 냉수를 마신 세 사람은 이미 목숨을 잃고 나머지 21인만이 살아남아 거리의 인가에 나가 구걸하였다. 그곳은 토지가 비옥하고 논이 많으며, 아들 셋, 딸 다섯을 두는 것을 행복한 것으로 생각하였다. 기후는 항상 따뜻하여 사계절이 늘 봄과 같고 언제나 소매 넓은 홑적삼을 입고 바지를 입지 않은 채 한 자 정도의 비단으로 앞뒤만 가리며, 머리털은 풀어헤치고 발은 맨발로 남자는 천하고 여자는 귀하다. 부름이 있어 대표 5인이 국왕께 나아가 알현하고 송환을 요청한다. 중국 상인 주한원(朱漢源)과 선주 진건(陳乾) 등과 매인당 30석씩을 조건으로 송환 계약을 맺고, 1688년(숙종 14) 8월 7일 안남을 떠나 중국 영파부와 보타산 등을 거쳐 12월 15일 대정현에 도착한다.

---

10) 『숙종실록』 숙종 15년 2월 신해조.

3) 이본

이익태(李益泰)의 『지영록(知瀛錄)』에는 〈김대황표해일록(金大璜漂
海日錄)〉으로 수록되었다.[11] 그런가 하면 이 책에는 주한원·진건
등과의 문답기도 수록되었다.

4. 장한철의 표해록

1) 작자

장한철(張漢喆)은 본명으로 『국조문과방목』이나 이원조의 『탐라
지초본』, 김석익의 『탐라기년』, 담수계 편 『증보탐라지』 등에 두루
쓰이고 있다. 호는 녹담거사(鹿潭居士)인데, 이는 〈표해록〉의 맨 끝
에 사용하고 있다. 장한철은 1744년(영조 20) 장차방(張次房)의 둘째
아들로 지금의 제주시 애월읍 애월리에서 태어났다. 당시 애월진
(涯月鎭)은 조선시대 삼읍(三邑) 구진(九鎭) 체제에서 명월진(明月鎭)과
함께 구진의 하나로 장한철의 조부 내지는 아버지 때에 처음으로
이 마을에 정착한 것으로 추정된다.

본관은 해주(海州)이다. 장한철은 제주도로 낙향한 장일취(張一
就)의 7대손이며, 증조부는 장양소(張揚蘇), 조부는 장선일(張善逸)이
고, 작은아버지는 장계방(張繼房)이다. 애월장씨 가문은 조선시대
광해군 말기에 입도하여 인조반정(仁祖反正) 이후 출륙한 뒤 그 아
들이 다시 들어오니 처음 들어왔던 장보한(張輔漢)을 입도조로 삼고
있다.[12] 외할아버지는 강(姜)씨이고, 장인은 서(徐)씨이다. 장한철
은 어려서 조실부모하고, 둘째아버지인 쌍오당(雙梧堂) 슬하에서 가

11) 이익태(김익수 역), 『지영록』, 제주문화원, 1997, pp.108~121.
12) 김찬흡, 「애월장씨 의맥과 가문의 내력」, 『제주문화』 15, 제주문화원, 2009,
p.195.

난하게 자랐다.[13] 25세 때인 1768년(영조 44)에는 산방산에 오르고 있으며, 26세 때에는 한라산에 오르고 있다. 장한철의 아들 통덕랑(通德郞) 장담(張紞)은 1795년(정조 19) 9월 1일 제주에서 열린 향시에서 시(詩) 부분에 삼하(三下)로 합격했다.

27세 때인 1770년(영조 46)에 향시에 합격하였고, 같은 해 12월 25일 과거를 보기 위해 배를 탔다가 표류하여 다음해 서울에 올라가 과거에 응시했으나 낙방하고 낙향하여 〈표해록〉을 저술하였다. 1775년(영조 51) 정월 30일에는 홍문관 제학 이담(李潭)에게 제주 도과(道科) 시권을 과차(科次)하라는 명에 따라 순무어사(巡撫御使) 홍상성(洪相聖)이 내도하여 시취할 때 갑신년(1764, 영조 40) 예에 의하여 강봉서(姜鳳瑞) · 김경회(金慶會)와 함께 뽑힘으로써[14] 전시(殿試)에 응할 자격을 얻게 되고, 이어 같은 해 5월 26일 근정전(勤政殿) 경과 정시문과 별시(慶科庭試文科別試)에서 갑과 1인, 을과 3인에 이어 병과 30인 중 유학(幼學) 8인의 한 사람으로 뽑힌다. 이 시험에서는 장한철 다음으로 제주목에 거하는 강봉서(姜鳳瑞)와 정의현에 거하는 김경회(金慶會)도 함께 유학으로 뽑히고 있다.[15]

장한철은 급제한 뒤 가주서(假注書)를 시작으로 1776년(정조 원년) 12월 성균관 학유(學諭)를 거쳐 학정(學正) · 박사(博士) · 전적(典籍) 등을 역임하고, 1780년(정조 4)에는 이조(吏曹)의 가낭청(假郞廳)을 지냈다.[16] 『승정원일기』 정조 5년(1781) 6월 25일조에 보면 이조에서 외직에 진급시키도록 청함에 따라, 처음으로 16군데의 참역(站驛)

---

13) 장한철, 『표해록』 12월 26일조, 盖雙梧仲父堂號也, 噫余幼而孤養於雙梧堂膝下.
14) 『영조실록』 영조 51년 정월 무인조, 命弘文提學李潭, 科次濟州道科試券, 依甲申例, 取姜鳳瑞張漢喆金慶會等三人, 并賜第.
15) 『국조문과방목』 2(영인), 태학사, 1988, p.1278(張漢喆, 甲子父次房, 海州人居濟州).
16) 장한철(김지홍 옮김), 『표해록』, 지식을 만드는 지식, 2009, p.8.

길을 관장하는 강원도 상운역(祥雲驛)[17] 찰방(察訪)으로 발령받고 있
다.『승정원일기』정조 7년(1783) 11월 10일조에 보면, 임금이 지
방 수령의 선정을 권장하는 뜻에서 상운찰방을 특별히 강원도 흡곡
현령(歙谷縣監)[18]으로 발령 내도록 전교를 내리고 있다. 그런가 하
면 이원조의『탐리지초본』과 담수계 편의『증보탐라지』에서도 각각
흡곡현감과 대정현감을 역임하였다고 기록하고 있다.[19] 그가 대
정현감으로 재임하던 1788년(정조 12) 3월부터 이듬해 1789년 1월
중 1788년 9월에는 대정현 내에 전염병이 창궐하여 많은 사람이
죽게 되자 대정 사람 이환(李還)과 함께 굶주리는 백성들을 구제하
는 데 헌신하였다.[20] 그러나 유배 죄인 김우진(金宇鎭)을 제대로 단
속하지 못했다고 하여 의금부로 끌려간다.『승정원일기』정조 16
년(1792) 12월 28일조에 보면, 다시 장한철을 평시부주(平市主簿)로
임명했다.

　작품과 저서로 〈표해록〉과『녹담집(鹿潭集)』이 있는데, 〈표해록〉
은 전해지나『녹담집』은 전해지지 않는다. 일기체 한문필사본인 〈표
해록〉은 현재 국립제주박물관에 소장되어 있으며, 그 이본인 〈표
해록〉도 서울 국립중앙도서관에 소장되어 있다.

　정확한 사망연도는 아직까지 밝혀지지 않고 있다. 그의 무덤은

17) 강원도 양양군 손양면 상운리(전용신 편,『한국고지명사전』, 고려대 민족문화
　　연구소, 1993, p.127).
18) 김찬흡의『제주사인명사전』에서는 '섭곡'으로 읽고 있으나, 권상노의『한국지
　　명연혁고』와 전용신 편의『한국고지명사전』에서는 '흡곡'으로 읽고 있다. 현재
　　강원도 연변군 흡곡리(김찬흡 편저,『제주사인명사전』, 제주문화원, 2002,
　　p.625; 권상노,『조선지명연혁고』, 동국문화사, 1948, p.331; 전용신 편, 앞
　　의 책, p.305).
19) 이원조,『탐라지초본』2 〈과환조〉張漢喆, 文科官至大靜縣監; 담수계 편,『증
　　보탐라지』(영조 때 문과에 급제, 歙谷縣監을 지냈다); 박용후,『제주도지』, 백
　　영사, 1976, p.161(여기에서는 夾谷縣監을 지내고 정조 12년 대정현감이 되
　　었다고 하고 있다).
20) 김찬흡 편저, 앞의 책, p.625.

강원도 통천군에 있다.

2) 내용

장한철의 〈표해록〉은 장한철이 과거에 낙방하고 1771년(영조 47) 5월 8일 제주에 귀향해서 20여 일이 지난 5월 하순에 기록한 경험적 서사체이다. 그 바탕에는 그가 유구의 호산도에 표착했을 때 등초해 두었던 〈표해일록(漂海日錄)〉이 중요하게 작용하고 있음을 기록을 통해 확인할 수 있다. 그러나 그것이 청산도에 표착해서 확인한 바로는 떨어져 달아나고 젖어 뭉개져서 많은 부분이 판독이 불가능한 상태였기에 새롭게 재구성했을 것임은 당연한 사실이다. 또한 〈표해일록〉은 제주를 출범하여 호산도에 표착하기까지의 사연과 표착하여 왜구를 만나기까지의 생활에 대한 것으로 추정되기에 시간적으로 보면 경인년 12월부터 신묘년 1월 1일까지이며, 공간적으로는 제주에서 호산도까지의 기록일 뿐이다. 그 이후 안남 상선에 구출되어 고향에 귀환하기까지의 이야기는 기록되어 있지 않을 것임으로 적어도 이 작품의 절반이 넘는 분량이 기억을 더듬어 새롭게 기록한 것임을 알 수 있다. 따라서 〈표해록〉과 〈표해일록〉 사이에는 적잖은 내용의 차이가 이었을 것이다.

〈표해록〉은 크게 체재 중심으로 나누면 세 부분으로 나눌 수 있고, 좀 더 세분해서 사건 중심으로 나무면 다음과 같이 열세 부분으로 나눌 수 있다. 먼저 크게 체재 중심으로 나무면, 과거에 응시할 것을 결심한 도입 이야기, 출범으로부터 표류하여 귀환하기까지의 내부 이야기, 〈표해록〉을 적어 간직하게 된 이유를 밝히는 종결 이야기 등이 그것이다. 좀 더 세분해서 사건 중심으로 나누면, ① 과거에 응시할 것을 결심, ② 출범, ③ 노어도(鷺魚島) 근해에서의 조난, ④ 대해에서의 표류, ⑤ 호산도(虎山島) 표착, ⑥ 왜구의 습격, ⑦ 안남(安南) 상선의 구출, ⑧ 청산도(靑山島) 근해에서의 조난, ⑨ 청산도 표착, ⑩ 조가녀(趙家女)와의 결연, ⑪ 상경, ⑫ 귀향, ⑬ 후기 부분이다.

3) 이본

장한철의 〈표해록〉은 지금까지 크게 국립제주박물관 소장 필사본과 국립중앙도서관 소장 심성재필사본, 『청구야담』한문본과 한글본 〈부남성장생표대양(赴南省張生漂大洋)〉,[21] 『동야휘집』〈표만리십인전환(漂萬里十人全還)〉[22] 등이 전해진다.

⑴ 국립제주박물관 소장 필사본

이 필사본을 소장했던 장시영에 따르면 1939년 동아일보 한시 공모전에 장한규(張漢奎)의 〈금강산기〉가 장원으로 뽑히어 개재되자, 우연히 강원도에 살던 장한철의 직계 자손들로부터 연락이 왔는데, 그때 장한규가 그곳 자손들이 보관하고 있던 〈표해록〉을 보내주도록 요청해 우편으로 받게 된 것이라고 한다. 이 필사본은 장한규가 타계하면서, 조카 장응선에게 맡겨졌고, 1958년 정병욱 교수가 제주도 학술조사를 하던 중 〈표해록〉을 접하게 되면서 비로소 그 존재가 학계에 알려지게 되었다. 그 후 장응선이 직접 원본을 필사해 정병욱 교수가 연구할 수 있도록 보내주었다. 장응선이 타계하면서 다시 조카 장시영에게 맡겨졌고, 이어 2001년 국립제주막물관이 개관하자 그곳에 보관을 의뢰했다. 이 필사본은 2008년 12월 4일 제주특별자치도유형문화재 제27호로 지정되었다.[23]

---

21) 김경진 편저(김동욱 · 정명기 역), 『청구야담』상, 교문사, pp.421~443.
22) 동국대학교 한국문학연구소 편, 『한국문헌설화전집』4, 태학사, 1991, pp.398~414.
23) 김지홍, 앞의 책, p.9.

(2) 국립중앙도서관 소장 심성재 필사본

심성재 필사본은 일부 수정, 첨가된 내용이 들어 있다. 특히 첫 부분의 내용은 완전히 고쳐져 있고, 지은이 이름의 한자 표기도 철(喆)이 아니라 철(哲)로 되어 있다. 이렇게 고친 내용이 장한철 자신에 의한 것인지, 아니면 필사하던 사람들에 의한 것인지는 더 연구해 보아야 할 것이다.

(3) 〈부남성장생표대양〉과 〈표만리십인전환〉

〈표만리십인전환〉이 〈부남성장생표대양〉에 비해서 전체적으로 문장이 압축되고 있거나 원전인 〈표해록〉보다 더 많이 변개되고 있다. 장한철의 한자 표기에 있어서도 〈부남성장생표대양〉에서는 '장한철(張漢喆)'로 되어 있어 국립제주박물관 소장 〈표해록〉과 동일한 데 반해 〈표만리십인전환〉에서는 '장한철(張漢哲)'로 표기하고 있어 국립중앙도서관 소장본과 같다. 그리고 배에 승선한 인물에서도 〈부남성장생표대양〉에서는 29명과 24명의 혼란을 보이기는 하지만 원전 〈표해록〉과 같은 29명의 잔영이 부분적으로 남아 있으나 〈표만리십인전환〉에 오면 모두 24명으로 변개되었다. 또한 〈표만리십인전환〉에서는 조가녀를 첩으로 삼았다는 허구적 내용을 삽입함으로써 〈부남생장생표대양〉보다 적극적인 변개를 하고 있다.

5. 이방익의 표해록

1) 작자

이방익은 전오위장(前五衛將)과 만경현령(萬頃縣令)을 지낸 이광빈(李光彬)의 아들로 1757년(영조 38) 제주에서 출생하였다. 1784년(정조 8) 무과에 급제하였고, 1786년 수문장(守門將)이 되며, 1787년 무겸선전관(武兼宣傳官)이 되었다. 1791년(정조 15) 원자궁(元子宮)의 첫 돌을 맞이하여 대궐 안에서 활쏘기를 하여 으뜸의 기록을 얻어 충장장(忠壯將)이 되고, 1796년(정조 20) 표풍으로 인하여 중국을 구경하고 이듬해에 돌아와서 오위장(五衛將)을 거쳐 전주중군(全州中軍)이 되었다.

2) 저술과정

연암 박지원이 1797년(정조 21) 7월 면천군수(沔川郡守)로 임명되어 사은차(謝恩次) 입시했을 때 정조는 이방익의 표류사실을 설명하고 이를 문체의 변개적 의미에서 찬진하도록 명하고 있다. 이에 따라 연암은 〈서이방익사(書李邦翼事)〉를 지어 바치고 있다. 특히 이방익의 아버지 이광빈이 일본 장기도(長崎島)에 표류하였기에 부자가 표류한 샘인데, 이와 같은 부자의 특이한 표류사실이 정조가 연암에게 한 소재로 제공하게 되었다.

3) 내용

이방익 일행은 1796년(정조 20) 9월 21일 표류하여 10월 6일 팽호지방(澎湖地方)에 표착하고, 대만부(臺灣府) · 복건(福建) · 절강(浙江) · 강남(江南) · 산동(山東) · 북경(北京) · 요양(遼陽)을 거쳐 1797년(정조 21) 윤6월 귀국하는데, 정조가 연암에게 이 표류사실을 찬진하도록 명령한다.

이전에 이방익의 아버지 이광빈도 서울에서 무과시험을 보려고 배를 탔다가 일본 장기도에 표류하는데, 그곳의 한 의사가 이광빈을 자기 집으로 초대해서 대접한 후 사위가 되어 주기를 간청하나 이를 거절한다. 그 의사는 이광빈 일행의 귀환을 적극 돕는다.

이방익 일행은 처음 10여 일 동안 일본으로 표류하다 다시 중국으로 표류하는데, 도중에 큰 고기가 배 가운데로 뛰어들어 일행이 이를 잡아 굶주림을 채우고 팽호지방에 표착하여 마궁대인(馬宮大人)을 만난다.

대만부에 이송되고, 하문(廈門)에 도착하여 자양서원(紫陽書院)을 배례하고, 정월 5일 복건성(福建省)에 도착하여 법해사(法海寺)를 구경한다. 절강성에 도착하여 황진교(黃津橋)·서양령(西陽嶺)을 지나 항주(杭州)·소주(蘇州)를 지나 금산사(金山寺)를 구경하고 산동성에 도착한다.

이방익은 무과에 급제하여 수문장·선전관·전라도중군의 벼슬에 오른다.

4) 이본

(1) 『연암집』 소재 〈서이방익사〉

박지원의 『연암집』 제6권 별집에는 〈이방익의 사건을 기록함(書李邦翼事)〉이 수록되었다.[24]

(2) 『아악부가집』 소재 〈표해가〉

이방익의 〈표해가(漂海歌)〉는 『아악부가집(雅樂部歌集)』 1권에 마흔네 번째로 87쪽부터 102쪽에 걸쳐 국한문혼용체로 수록되었다. 이 표해가는 『가집』·『악부』·『청춘』에도 동일하게 수록되었다는데, 『청춘』에 수록된 경우 표제하에 '李邦翼 正祖時人'이라 적혀 있다. 302행의 장편가사로 가사 내용 또한 이방익의 중국 표류기를 적은 노래이다.

---

24) 박지원(신호열·김명호 옮김), 『연암집』 하, 돌베개, 2007, pp.13~42.

6. 최두찬의 승사록

1) 작자

최두찬(崔斗燦)의 자는 응칠(應七)이고, 호는 강해산인(江海山人)이다. 본관은 영천(永川)이다. 그는 1779년(정조 3) 6월 23일 자인현(慈仁縣) 상대리(上臺里)에서 태어났다. 슬하에 2남 1녀를 두었는데, 아들은 최보(崔堡)와 최서(崔墅)이고, 딸은 곽계환(郭啓煥)에게 시집을 갔다. 어려서부터 영특하였으며 부모님을 공경하는 마음과 효성이 지극하였다. 1791년(정조 15) 어머니의 숨이 끊어지자 손가락을 잘라서 피를 먹여 소생시키려 하였으나 끝내 돌아가시자 윗옷을 벗고 머리를 묶어 상을 치러 마을 사람들 모두 그를 효동(孝童)이라 불렀다. 또한 1811년(순조 11) 아버지가 세상을 떠난 뒤에도 3년 동안 시묘살이를 하였다.

1817년(순조 17) 대정현감이 된 장인 김인택(金仁澤)이 그에게 함께 제주에 가기를 청하였으나 처음에는 사양하였다. 하지만 장인의 간곡한 청으로 더 이상 거절하지 못하고 5월에 제주도에 온다. 최두찬은 1년 동안 제주를 두루 살펴보며 학문을 닦다가 1818년(순조 18) 4월 귀향하는 배에 몸을 싣는다. 그러나 도중에 큰 풍랑을 만나 16일 동안 표류하다 절강성(浙江省) 영파부(寧波府) 정해현(定海縣) 보타산(普陀山) 관음사(觀音寺)에 표착한다. 그 후 체류와 귀환 과정에서 중국의 많은 명소를 직접 보았고, 그에게 흥미를 느낀 중국 사람들과 많은 시를 주고받는다.

같은 해 10월 3일 드디어 압록강을 건넜고, 10월 그믐 집으로 돌아온다. 수십 일 동안 바다에서 장기(瘴氣)를 겪었기에 수년 동안 앓다가 1821년(순조 21) 9월 16일 원당리(元堂里) 집에서 세상을 떠났다.

2) 내용

최두찬 일행 50인은 1818년(순조 18) 4월 10일 제주 별도포를 출범하여 전라도 나주에 있는 사촌형 장익(張翼)을 만나러 가다가 표류하여 4월 26일 중국 절강성(浙江省) 영파부(寧波府) 정해현(定海縣)에 표착한다. 영파부 성시관(城市舘)에 머물며 표류상황을 글로 절어 승사록(乘槎錄)이라 하고 현주(縣主) 심사요(沈使姚) 등과 시를 문답한다. 진해현(鎭海縣) · 자계현(慈谿縣)을 지나 여요현(餘姚縣)에서 엄자릉(嚴子陵) 고리(古里)를 생각하며 시를 짓고, 상우현(上虞縣)에 도착 양자강을 구경하며, 소흥부(紹興府) 회계현(會稽縣)을 지나 소산현(蕭山縣)에 이르러 김광현(金光顯) 등 제주 표류민을 만난다. 신안현(新安縣) · 기주부(沂州府) · 하간부(河澗府) 등을 지나며 시를 짓고 황성에 도착한다. 통주부(通州府) · 심양(瀋陽) 등을 지나며 시를 짓는다. 봉황성(鳳凰城) 등을 지나 10월 2일 책문(柵門)에 도착한다.

3) 이본

(1) 서울대학교 규장각 소장 승사록

서울대학교 규장각 소장 『파수편(罷睡篇)』에 수록된 필사본이다. 〈승사록서〉가 1장, 〈승사록권지일〉이 42장, 〈승사록권지삼〉이 59장, 〈승사록권지삼〉이 49장 등으로 되어 있고, 권지삼 끝장에는 '大韓光武元年陰曆陽月初九日 崔福述抄'라고 적혀 있는 것으로 보아 최두찬 직접 쓴 원본이 아니라 1897년에야 최복술이 새롭게 필사한 이본인 듯하다. 1권부터 3권까지 일기체로 되어 있으며, 시부(詩賦)들을 별도로 독립해서 적고 있는 것이 아니라 그때그때 시문답한 상황 속에 제대로 삽입하고 있는 것으로 보아 이 규장각본의 바탕이 되는 원본이나 또 다른 이본이 있었던 것으로 생각된다.

(2) 성균관대학교 도서관 소장 강해승사록

성균관대학교 도서관 소장 판본이다. 시부만을 따로 모아 권지일에 넣고, 권지이에 표해일기를 실어 2권으로 구성하고 있는데, 판본으로 간행하면서 원본과는 달리 편차(編次)의 착종(錯綜)이 이루어지고 있다.

Ⅲ. 누가 연구하였는가

장한철의 〈표해록〉에 관한 연구는 지금까지 크게 두 가지 관점에서 연구되어 왔다. 첫째는 〈표해록〉을 번역·소개하는 단계인데, 김찬순·이재호·최기홍·허문섭·정병욱·박화목·장덕순·김경진·김동욱·정명기·김봉옥·김지홍·이종헌·한창훈·송창빈·서인범·박원호 등에 의해서 이루어졌고, 둘째는 본격적으로 장한철의 〈표해록〉을 연구하는 단계인데, 정병욱·최강현·최래옥·오관석·정명기·서인석·윤치부·조용호·윤일수·김성준·장시광·김성진·박동욱·박명숙·조건희·가오 지안후이(高建輝) 등에 의해서 이루어졌다.

1. 표해록의 번역 소개

최부의 〈금남표해록〉이 처음으로 우리말로 번역된 국역본은 최상한선 1513년에서 최하한선 1873년 사이로 추정되는 언해본『표히록』이다. 1권은 '표히록', 2권은 '표히록이', 3권은 '표히록삼 止菴公朴夫人遺墨'이라고 기록되었다. 한문본 2권의 3월 15일까지만 언해되었다. 3권에 올수록 노정 등의 지명이 많이 생략되었고,

전체적으로 한자음까지도 틀린 부분이 간혹 보인다.[25] 이후 본격
적인 우리말 번역은 1960년대 들어서인데, 북한에서 먼저 번역을
시작하고 이어 우리나라와 중국 연변에서도 번역되고 있다.[26] 일
역본은 기요타 기미카네(清田君錦)가 일본어로 번역하여 일본에서
는 『당토행정기(唐土行程記)』라고 제목을 붙여 1769년에 출간하였
다. 이 책은 『통속표해록(通俗漂海錄)』이라는 제목으로 바뀌어 1792
년 재간행된다. 영역본은 1965년 메스킬(John Meskill)이 영역하고
주석을 붙인 『금남표해록역주(Choe Pu's Diary, A Record of Drifting
Across the Sea)』가 있다.[27] 중역본은 비교적 최근에야 이루어지는
데, 북경대학교의 갈진가(葛振家) 교수에 의해서 번역되었다.[28]

　장한철의 〈표해록〉은 일찍이 정병욱이 1958년 8월 제주도에
학술 답사차 왔다가 얻어보게 된 장한철의 〈표해록〉을 해제를 겸
해 처음으로 학계에 소개한 후 이를 단행본으로 번역 출간하였
다.[29] 아동문학가 박화목도 소년소녀 한국문학 고전문학편 7권에
최부의 〈표해록〉과 함께 장한철의 〈표해록〉을 함께 소개하여 청소
년들에게 읽게 하고 있다.[30] 장덕순도 그의 저서 『한국수필문학사』

25) 최부(윤치부 주해), 『주해 표희록』, 박이정, 1998.
26) 최부(김찬순 역), 「표해록」, 『기행문선집』(1), 조선문학예술총동맹출판사,
　　1964; 최부(이재호 역), 「표해록」, 『국역 연행록선집』 1, 민족문화추진회,
　　1967; 최부(최기홍 옮김), 『금남선생표해록』, 교양사, 1989; 최부(허문섭 옮
　　김), 「표해기」, 『기행문집』, 해누리, 1994; 최부(서인범·주성지 옮김), 『표
　　해록』, 한길사, 2004; 최부(박원호 역), 『표해록 역주』, 고려대학교출판부,
　　2006; 최부(김지홍 역), 『최부 표해록』, 지만지, 2009; 최부(최기홍·최철호
　　공역), 『표해록』, 연암서가, 2016.
27) John Meskill, *Choe Pu's Diary, A Record of Drifting Across the Sea*,
　　The University of Arizona Press, 1965.
28) 葛振家, 『崔溥〈漂海錄〉評注』, 線裝書局, 2002.
29) 장한철(정병욱 역), 『표해록』(진중문고 154), 범우사, 1979; 장한철(정병욱 옮
　　김), 『표해록』(범우문고 107), 범우사, 1993.
30) 박화목 엮음, 『표해록 외』, 금성출판사, 1984, pp.145~283.

에서 "기행·일기의 백미 〈표해록〉"이란 제목하에 김비의의 〈표류기〉, 최부의 〈금남표해록〉과 함께 장한철 〈표해록〉의 일부분을 원문과 함께 번역·소개하였다.[31] 김경진·김동욱·정명기는 『청구야담』을 번역했는데, 이 책에는 장한철의 〈표해록〉의 한문단편 〈부남성장생표대양(赴南省張生漂大洋)〉이 수록되었다.[32] 김봉옥·김지홍 부자는 『옛 제주인의 표해록』을 출간하고 있는데, 이 책에는 장한철의 〈표해록〉을 비롯하여 김배회·김비의·최부·정회이·김기손·강연공·김대황·이방익의 〈표해록〉 등을 번역·소개하고 있다.[33] 이종헌도 장한철의 〈표해록〉 번역·교주하여 『그리운 청산도』라는 제목으로 출간하였다.[34] 한창훈은 장한철의 〈표해록〉을 어린이들에게 읽힐 목적으로 『제주 선비 구사일생 표류기』라는 제목으로 출간하였다.[35] 그리고 최근에는 김지홍이 제주국립박물관 소장본과 국립중앙도서관 소장본을 비교하면서 장한철의 〈표해록〉을 번역하여 학계에 소개하였다.[36] 그런가 하면 일본에서도 송창빈에 의해 일역본이 나오기도 했다.[37]

　최두찬의 〈강해승사록〉은 비교적 최근 들어서야 번역되기 시작하고 있다.[38]

31) 장덕순, 「기행·일기의 백미 〈표해록〉」, 『한국수필문학사』, 새문사, 1985, pp.144~149.
32) 김경진·김동욱·정명기 공역, 『청구야담』 상, 교문사, 1996, pp.421~443.
33) 김봉옥·김지홍 뒤침, 『옛 제주인의 표해록』, 전국문화원연합 제주도지회, 2001, pp.201~266.
34) 장한철(이종헌 교주), 『그리운 청산도』, 한국학술정보, 2006.
35) 장한철(한창훈 엮음), 『제주 선비 구사일생 표류기』, 한겨레아이들, 2008.
36) 장한철(김지홍 옮김), 『표해록』, 지식을 만드는 지식, 2009.
37) 장한철(송창빈 역), 『표해록』, 신간사, 1990.
38) 최두찬(박동욱 옮김), 『승사록 : 조선 선비의 중국 강남 표류기』, 휴머니스트, 2011.

2. 표해록의 본격적 연구

〈표해록〉에 대한 논의는 1960년대에 접어들면서 처음으로 시작되고 있는데, 정병욱은 장한철의 〈표해록〉을 처음으로 학계에 소개하면서 문학적·문헌적 가치를 논하면서 해양문학의 보배라고 극찬하였다.[39] 고병익는 최부의 〈금남표해록〉을 역사적 관점에서 분석하여 소개하고 있으며,[40] 최상수는 고상영의 〈표류기〉를 한국과 월남과의 대외적인 관계 속에서 살피고 있다.[41] 또한 김태능은 이방익의 아버지 이광빈의 일본 장기도 표류와 그 기풍에 대해서 고찰하고 있기도 하다.[42]

1980년대에는 〈표해록〉에 대한 보다 본격적인 연구들이 이루어지는데, 최강현은 최부·장한철·이방익 등의 작품을 한데 묶어 종합적으로 고찰하여 이 방면의 선구적 역할을 하고 있으며, 특히 한국 해양문학의 성립에 관해 본격적으로 문제를 제기하여 이 분야의 기틀을 닦은 셈이 된다.[43] 이 외에도 강전섭·최강현 등이 이방익의 〈표해가〉에 대하여 그 작자와 작품에 관한 연구가 이루어지

39) 정병욱, 「표해록 해제」, 『인문과학』 6, 연세대 문과대, 1961, pp.175~191; 정병욱, 「표해록에 대하여」, 『한국고전의 재인식』, 홍성사, 1979, pp.232~254; 정병욱, 「장한철의 〈표해록〉」, 『여행과 체험의 문학 : 일본편』, 민족문화문고간행회, 1985, pp.186~207; 정병욱, 「〈표해록〉에 대하여」, 『해양문학을 찾아서』, 집문당, 1994, pp.81~102.

40) 고병익, 「성종조 최부의 표류와 표해록」, 『이상백박사회갑기념논총』, 을유문화사, 1985, pp.283~306.

41) 최상수, 「제주도민의 안남 표류」, 『한국과 월남과의 관계』, 한월학회, 1966, pp.103~112.

42) 김태능, 「이광빈의 장기도 표류와 그 기풍」, 『제주시』 2, 제주시청, 1966, pp.46~48.

43) 최강현, 「한국 해양문학 연구 : 주로 표해가를 중심하여」, 『성곡논총』 12, 성곡학술문화재단, 1981, pp.235~265; 최강현, 「한국 기행문학 연구 : 주로 조선시대 기행가사를 중심하여」, 고려대학교 박사학위논문, 1981, pp.52~70; 최강현, 『한국기행문학연구』, 일지사, 1982, pp.52~70.

고 있으며,[44] 오관석은 이 작품의 문학적 성격을 갈등구조, 형상화의 양상, 작자의 주제의식 등의 관점에서 밝혀내었다.[45] 또한 정명기는 장한철의 〈표해록〉과 그 아류 작품인 한문단편들 사이의 서술양상이 다름을 밝히고, 민간신앙적 내용 및 꿈 이야기와 연애담이 한문단편들에서 각각 변개되어 수용되고 있음을 지적했다.[46] 서인석은 1인칭 서술과 개인의식의 표출, 체험의 현실성과 형상화의 관점에서 서사문학적 성격을 논하였다.[47]

1990년대에는 〈표해록〉에 대한 개별적인 연구는 물론 종합적인 연구도 더욱 심화되고 있다.[48] 윤치부는 김비의·최부·고상영·장한철·이방익의 〈표해록〉을 비롯한 우리나라의 다양한 표해록 작품들을 종합하여 해양문학적 관점에서 고찰하였을 뿐만 아니라 장한철의 〈표해록〉과 한문단편의 관련양상을 심층적으로 고찰하였다.[49] 성무경은 이방익의 〈표해가〉를 문학적으로 연구하고 있

44) 강전섭, 「이방익의 「표해가」에 대하여」, 『한국언어문학』 20, 한국언어문학회, 1981, pp.97~113; 최강현, 「표해가의 지은이를 살핌」, 『어문논집』 23, 고려대학교국어국문학연구회, 1982, pp.67~74.
45) 오관석, 「한국 기행 연구 : 장한철의 표해록을 중심으로」, 단국대학교 석사학위논문, 1984.
46) 정명기, 「이야기의 변개양상과 그 의미 : 표해록 유화를 통해 본」, 『원광한문학』 2, 원광대학교, 1985; 정명기, 「야담의 변이양상과 의미연구」, 연세대학교 박사학위논문, 1988, pp.21~35.
47) 서인석, 「장한철의 〈표해록〉과 수필의 서사적 성격」, 『국어교육』 67·68, 한국국어교육연구회, 1989, pp.143~160.
48) 성무경, 「탐라거인 이방익의 〈표해가〉에 대한 연구」, 『탐라문화』 12, 제주대학교탐라문화연구소, 1992, pp.1~15; 최강현, 「한국 해양문학 연구 : 주로 표해가를 중심하여」, 『해양문학을 찾아서』, 집문당, 1994, pp.103~140.
49) 윤치부, 「김비의 일행의 표해록 고찰」, 『건국어문학』 15·16, 건국대학교 국어국문학연구회, 1991, pp.109~125; 윤치부, 「한국 해양문학 연구 : 표해류 작품을 중심으로」, 건국대학교 박사학위논문, 1992; 윤치부, 『한국해양문학연구』, 학문사, 1994; 윤치부, 「장한철의 〈표해록〉과 한문단편의 관련양상」, 『고소설연구』 2, 한국고소설학회, 1997, pp.341~382; 윤치부, 「표해류 작품의 종합적 고찰」, 『고전산문연구』 1, 태학사, 1998, pp.145~180.

으며, 최래옥은 표해록류 작품에 대한 개괄적 연구를 하고 있다.[50] 조용호는 스토리와 플롯, 인물구성, 시점 등의 소설적 이론에 바탕하여 서사적 구조의 장르적 성격을 고찰하였다.[51] 윤일수는 표류담을 단순 역경담과 복합 역경담으로 나눈 다음 장한철의 〈표해록〉을 복합 역경담으로 분류하여 작품화의 특성을 설명하였다.[52] 또한 그는 장한철의 〈표해록〉이 이종린의 개화기 한문소설 〈만강홍〉에도 전승 변이된다고 밝히고 있다.[53]

2000년대 들어서도 표해록 연구는 다양한 관점에서 계속해서 연구되고 있는데, 김성준은 〈표해록〉에 나타난 조선시대 선원 조직과 항해술을 집중 거론함으로써 해양학적 관심을 표출하고 있다.[54] 장시광은 조선시대 표해 문학의 전통, 〈표해록〉의 문학적 특징과 드러난 의식 등을 통해 문학사적 위상을 고찰하였다.[55] 조건희는 최부의 〈금남표해록〉에 나타난 중국관을 고찰함으로써 역사학적 관점으로 접근하고 있다.[56] 박원호는 〈금남표해록〉에 대해 그간의 연구 과정을 회고하고 서지학적인 면에서 표해록 판본을 분석하였고, 역사학적으로 명대 조선 표류민의 송환절차와 정보 전달 체계, 15세기 조선인이 본 명 '홍치중흥'의 조짐, 그리고 15세

---

50) 최래옥, 「표해록 연구」, 『비교민속학』 10, 비교민속학회, 1993.

51) 조용호, 『표해록계 서사체의 구조와 장르적 성격』, 『한국문학형태론』(산문편), 일조각, 1993, pp.199~223.

52) 윤일수, 「표류담의 전통과 작품화」, 『해양문학을 찾아서』, 집문당, 1994, pp.195~213.

53) 윤일수, 「〈만강홍〉에 나타난 장한철 표류담의 계승과 변이」, 『한민족어문학』 28, 한민족어문학회, 1995, pp.463~513.

54) 김성준, 「〈표해록〉에 나타난 조선시대 선원 조직과 항해술」, 『한국항해항만학회지』 30/10, 한국항해학만학회, 2006, pp.787~791.

55) 장시광, 「〈표해록〉의 문학사적 위상」, 『표해록』, 지식을 만드는 지식, 2009, pp.183~197.

56) 조건희, 「최부의 〈표해록〉에 나타난 중국관 : 〈금남표해록〉에 나온 내용을 중심으로」, 청운대학교 석사학위논문, 2013.

기 중국인의 조선인식을 분석하였으며, 최부의 〈금남표해록〉에 대한 연구 기행을 실어 〈금남표해록〉의 내용에 대한 이해를 돕고 있다.[57] 그런가 하면 국립제주박물관에서는 최부의 〈금남표해록〉 관련된 자료인 전시 도판들을 모아서 책으로 간행하고 있다.[58] 가오 지안후이(高建輝)는 최부의 〈금남표해록〉에 대하여 서술의 구성, 의도, 방식, 효과에 대한 분석을 통해 〈금남표해록〉이 문학 계열에 귀속될 수 있는 이유와 문학적인 가치 및 의미를 규명하고 있다.[59] 또한 이 시기에 접어들면서부터 최두찬의 〈강해승사록〉이 본격적으로 재조명되기 시작하고 있다.[60]

이 외에도 서울대학교 동아문화연구소 편의 『국어국문학사전』에서도 해양문학적 가치와 『청구야담』과 『동야휘집』에 소설화되어 수록되었다고 하고 있으며,[61] 조동일은 그의 저서 『한국문학통사』에서 경험 보고의 교술산문으로 다루었다.[62] 아울러 『한국민족문화대백과사전』에서도 최부·장한철·문순득의 〈표해록〉을 자세하게 소개하고 있다.[63]

57) 박원호, 『최부 표해록 연구』, 고려대학교출판부, 2006.
58) 국립제주박물관, 『조선선비 최부 뜻밖의 중국 견문』, 국립제주박물관, 2015.
59) 高建輝, 「최부 〈표해록〉 연구」, 경북대학교 박사학위논문, 2012.
60) 김성진, 「『강해승사록』의 서지사항과 창화기속에 대하여」, 『동양한문학연구』 26, 동양한문학회, 2008, pp.141~174; 박동욱, 「최두찬의 『승사록』에 나타난 한중 지식인의 상호인식」, 『한국학논집』 45, 한양대학교출판부, 2009, pp.7~40; 박명숙, 「『승사록』에 나타난 최두찬 이념과 실천, 그리고 강남」, 『고전과 해석』 15, 고전한문학연구학회, 2013, pp.81~106.
61) 울대 동아문화연구소 편, 『국어국문학사전』, 신구문화사, 1981, p.655.
62) 조동일, 『한국문학통사』 3, 지식산업사, 1984, pp.390~400; 조동일, 『한국문학통사』 3(제3판), 지식산업사, 1994, pp.427~437.
63) 한국정신문화연구원, 『한국민족문화대백과사전』 23, 한국정신문화연구원, 1991, p.608.

IV. 무엇을 읽을 것인가

1. 문학적 읽기

일찍이 정병욱 교수가 지적했던 것처럼 장한철의 〈표해록〉의 문학적 의미는 모험담과 연애담으로 되어있는 해양문학이라는 점이다.[64] 모험담으로는 노어도 근해에서의 조난, 유구열도 호산도에 표착, 왜구의 습격, 안남 상선에서의 봉변, 청산도 근해에서의 제2차 조난 등의 내용들이다. 이들 모험담을 통하여 어려움에 처한 다양한 인간 군상들의 모습이 사실적으로 그려지고 있다. 연애담으로서는 장한철이 청산도에 표착한 후 조가녀와의 결연 내용이다. 이러한 사랑의 이야기는 다른 표해록에서는 찾아보기 힘든 내용으로 장한철의 〈표해록〉을 더욱 돋보이게 한다.

더욱이 사실적 이야기인 장한철의 〈표해록〉은 『청구야담』 한문본인 〈부남성장생표대양(赴南省張生漂大洋)〉과 한글본인 〈부남성댱생표대양〉이나 『동야휘집』의 〈표만리십인전환(漂萬里十人全還)〉이라는 한문단편들을 통해 점점 허구적 서사체로 변모하는 경향을 보여주고 있을 뿐만 아니라[65] 이종린(李鍾麟)의 개화기 한문소설 〈만강홍(滿江紅)〉에도 전승 변이되고 있다.[66]

그런가하면 최두찬의 〈승사록〉에는 많은 한시 작품들이 수록되어 있어 최두찬의 한시 세계를 파악할 수 있는 귀한 자료가 된다.

---

64) 정병욱, 앞의 논문.
65) 윤치부, 「장한철의 〈표해록〉과 한문단편의 관련양상」, 『고소설연구』, 한국고소설학회, 1997, pp.341~382.
66) 윤일수, 「〈만강홍〉에 나타난 장한철 표류담의 계승과 변이」, 『한민족어문학』 28, 한민족어문학회, 1995, pp.463~513.

2. 민속학적 읽기

김비의 일행의 〈표류기〉는 유구풍토기적 성격이 강한 바 유구의 다양한 풍속에 대해서 상세하게 기술하고 있다. 김비의 일행은 고향을 생각하며 항상 울었는데, 그 섬사람이 햇벼 줄기와 옛 벼 줄기를 뽑아 가지고 와서 비교하며 동쪽을 향하여 이를 불었다. 그 뜻은 대개 햇벼가 옛 벼와 같이 익으면 마땅히 출발하여 돌아가게 될 것이라는 것을 말하려는 것이었다. 또한 부모의 상을 당하면 친족들이 상가에 모여서 조상하고 곡하며, 상을 당한 사람은 흰 옷을 입는데, 모두 3일 뒤에야 고기를 먹으며 7일 안에는 살생하지 않는다. 혼인할 때에는 남자 집에서 먼저 중매를 하여 혼인을 약정하고 날짜를 택한다. 남자의 복장은 우리나라의 두루마기와 비슷하고, 여자의 복장은 우리나라와 같으며, 음식을 먹을 때는 숟가락과 젓가락이 없어 억새풀을 꺾어서 젓가락 같이 만들어서 먹는다.

장한철 일행이 탄 배가 화탈도 근해를 지날 때 장한철이 화탈도를 손으로 가리키면서 섬에는 사람이 사는가, 화탈도에서 제주까지와 육지까지의 거리는 얼마인가라는 질문에 사공인 고득성이는 원래 배에서는 손을 들어 섬을 가리켜서는 안 되며, 해상에서는 갈 길이 머냐 가까우냐는 질문을 하지 않는 게 일반적인 풍습이라고 말한다. 이러한 풍습은 뱃사람들에게만 통용되던 것으로 장한철 같은 당대의 지식인이었던 선비에게는 생소한 것이었던 듯하다. 아울러 화탈도 근해에서 고래들을 만나게 되는데 뱃사람들은 모두 놀라서 배의 바닥에 꿇어 엎드리고서는 관음보살만 부지런히 외우고 있는 데 반해 장한철 일행이 호산도에 표착했을 때는 용에게 목숨을 살려 달라고 빌고 있는데, 이는 당대 일반 사람들의 불교적 의식과 민간신앙적 의식이 혼재되어 있는 모습을 단적으로 보여주고 있는 예라고 말할 수 있다. 그런가 하면 호산도에 표착한 정월 초하

룻날에는 장한철 일행이 윷놀이를 통해 객수를 달래고 있는데, 그 당시에도 윷놀이는 일반인들에게 보편적인 놀이문화였음을 알게 한다.

3. 역사적 읽기

장한철의 〈표해록〉에 나타난 역사적 사실들은 다음과 몇 가지 점이 유의미하게 읽혀진다. 첫째는 당대 제주 사람들의 과거시험에 대한 모습이다. 향시에 수석합격하자 서울로 과거를 보기 위해 배를 타는 모습은 제주 사람들에게도 과거시험에 응시할 수 있었을 뿐만 아니라 실력이 있으면 얼마든지 과거에 합격할 수 있었음을 알 수 있다. 특히 마을 사람들이 노자를 주면서 장한철로 하여금 과거시험을 격려하는 것은 제주 사람들의 과거 급제에 대한 열망을 느끼게 한다.

둘째는 유구태자가 제주에서 죽임을 당하였다는 역사적 사실에 대한 고증 문제이다. 일반적으로 담수계의 『증보탐라지』에서도 1611년(광해군 3) 유구국 태자가 제주성의 죽서루(竹西樓) 밑에 표류하여 정박하였는데 그 때 수신(帥臣) 이현(李玹)이 그 재화와 보물을 약탈하고 죽여 버렸다고 기록하고 있다. 아울러 이때 유구태자가 썼다는 한시도 전해지고 있다.

> 요 임금 말씀도 걸을 감복시키지 못하였는데
> 죽음에 임하여 어느 틈에 하늘에 호소하리.
> 어진 세 분 구덩이에 들어가니 누가 보상하며
> 두 아들 배를 탔다가 도적에게 해를 입네.
> 뼈가 모래밭에 드러나면 얽을 풀 있겠는가
> 혼이 돌아간들 조문할 친족도 없네.
> 죽서루 아래 도도히 흐르는 물이

남은 원한 품고 만년 봄 목메어 울겠네.
〈세자가 죽음에 임하여 씀〉[67]

　그런데 장한철 자신도 처음에는 유구 태자가 제주에서 죽임을
당한 것으로 알고 있다(12월 26일조). 그러나 명나라 상인 임준 일행
에게 구출되었을 때 안남인들은 장한철 일행이 제주사람임을 알고
서는 옛날 탐라왕이 안남 세자를 죽인 일로 원수를 갚겠다 하여 상
황이 험악해지자 장한철 일행은 큰 배로부터 작은 배로 옮겨 타고
있다(1월 5일조). 이로 보건대 유구 태자 피살설은 안남 태자 피살설
의 잘못으로 판명된다.[68] 이러한 사실은 고상영 일행의 〈표류기〉
에서도 나타나는데, 그들이 안남국에 처음 표류했을 때 흑의관원이
안남 태자가 조선 사람에게 죽임을 당하였으니 표류자 일행을 죽이
겠다는 대목에서도 비슷하다.

　셋째는 그 당시에 왜구들이 유구제도인 호산도에도 출몰하고
있는 것으로 보아 왜구들의 활동 반경이 어느 정도인지 짐작하게
한다. 또한 최부 일행이 우두외양에 정박하기 이전에 도적을 만나
생명의 위협을 당하거나 중국 관원들에게 왜구로 오인되는 장면에
서도 이를 뒷받침한다.

　넷째는 유구제도의 호산도에서 명나라 상인 임준의 배에 구조
되는 것을 통해 당시의 동아시아에서 무역과 상거래를 추정하게 한
다. 아울러 이 배에는 안남인들이 타고 있음으로 해서 그 범위가
어느 정도인지를 짐작케 한다. 이러한 사실은 고상영 일행이 중국인

---

67) 이 한시는 담수계의 『증보탐라지』뿐만 아니라 김두봉의 『제주도실기(濟州島實
　　記)』에도 전해지고 있다. 淡水契, 『增補耽羅誌』 〈世子臨死書〉 堯語難明桀服身,
　　臨刑何暇訴蒼旻. 三良入穴人誰贖, 二子乘舟賊不仁. 骨暴沙場纏有草, 魂歸故
　　國弔無親. 竹西樓下滔滔水, 遺恨分明咽萬春.
68) 안남국 왕자 피살설에 대해서는 김봉옥의 『증보제주통사』에서도 비교적 자세히
　　언급하고 있다(김봉옥, 『증보제주통사』, 도서출판 세림, 2000, p.140).

상인 주한원의 배를 타고 대정현으로 돌아오는 데서도 확인된다.

다섯째는 안남 사람 방유립이 말한 청려국 향사도에 있는 조선촌을 통해 조선인들이 이국땅에 살고 있음을 알게 된다.

4. 해양학적 읽기

해양학적 읽기로는 크게 해양지리적 읽기와 선원 조직과 항해술 읽기 등으로 살필 수 있다. 첫째로 해양지리적 읽기로는 장한철이 외국의 여러 섬이나 나라 등에 대한 지리적 위치를 설명하는 데서 파악된다. 12월 26일조에 보면 대해에서 표류할 때 대마도(對馬島) · 일기도(一岐島) · 여인국(女人國) · 유구제도(琉球諸島) · 안남(安南) · 섬라(暹羅) · 만랄가(滿剌加) · 민중(閩中) · 벽랑국(碧浪國) · 거인도(巨人島) 등의 위치를 설명하여 안심시키는 대목이 나온다. 여기서 대마도나 일기도는 일본에 속한 섬들이고, 여인국 · 벽랑국 · 거인도 등은 상상 속의 섬으로 실제하는 섬이 아니다. 그런가 하면 유구제도는 지금의 오키나와이며, 안남은 베트남, 섬라는 태국, 만랄가는 말레이시아, 민중은 중국의 복건성 등을 가리키는 말이다.

둘째로 안남 상선의 선제(船制)를 읽을 수 있다(1월 3일조). 배의 크기는 넓이가 가히 100걸음 남짓하고, 그 길이는 배(倍)가 될 것 같다. 배는 모두 4층으로 되었는데 사람은 상층에서 거처하게 되어 방들이 서로 연결되어 있다. 그 밑 3층에는 여러 필수품들이 고루 비축되어 있으며 여러 기명(器皿)들이 잘 정돈되어 있다. 배의 밑바닥에는 두 개의 작은 배가 들어 있다. 배 한구석에는 파와 채소를 심어둔 밭이 있다. 닭과 오리도 있는데 사람들이 가까이 가도 놀라서 나는 일이 없다. 한구석에는 땔감을 많이 쌓아두었고, 혹은 그릇 등속을 잡다하게 놓아두었다.

셋째로 조선시대 선원 조직과 항해술을 읽을 수 있다. 장한철

일행이 탄 배는 튼튼한 새 배로 뱃사람 10명, 상인 17명, 양반 2명
이 타고 있었다. 승선원 전체를 독려하고 지도한 인물은 장한철로
남해안을 80회 이상을 횡단한 경력이 있었던 뱃사람들이었지만 막
상 악천후 상황에 처했을 때 이들은 능동적으로 대응하지 못하고
대부분 체념적 모습을 보여준다. 그런가 하면 닻의 삼지가 없어 노
어도에 정박하지 못하고 있으며, 뱃줄과 삿대도 분실하였고, 풍향
변화도 알지 못하고 있다.

제주해녀(잠녀, 잠수)와
공생의 바다

안미정
(한국해양대학교 국제해양문제연구소 연구교수)

| 제주해녀(잠녀, 잠수)와 공생의 바다

제주해녀(잠녀, 잠수)와
공생의 바다

I. 물질과 잠녀·잠수

한국의 거의 모든 전 연안에서 볼 수 있는 자맥질, "물질"은 "나잠", "무레질" 등으로 지칭되는 인간에 의한 수중어로, 즉 잠수어업의 하나로서 수산업법 상 마을어업에 해당한다. 물질을 그 행위를 하는 인간 자신에게 비춰 볼 때 물질한다는 것은 자신의 정체성과 사회적 인식, 세계관에도 큰 영향을 미치고 있다. 따라서 이 '물질'이라는 하나의 어로양상을 통해 한 지역의 역사와 사회 문화를 해석해 볼 수 있다.

제주도에서는 연안 바다에서 해산물을 채집하는 어로자들을 "잠녀(潛女, 줌녀, 줌네)", "잠수(潛嫂, 줌수)"라고 불러 왔으며, 흔히 "해녀"라고 알려져 왔다. 해녀(海女)는 일본에서 여성 잠수부를 뜻하는 용어로 문자 그대로는 생산적인 노동이나 유희적인 활동을 불문하고 '바다의 여자'라는 포괄적인 개념으로 확장될 수 있다. 제주도에서 일컬어지고 있는 잠녀(潛女)와 잠수(潛嫂)는 그들의 어로 특성인 자맥질을 구체적으로 담고 있다. 18세기 초 이형상 목사를 따라 제주도의 이곳저곳을 그림(〈탐라순력도〉, 1702년)으로 남긴 김남길 화공의 자맥질하며 (아마도 필시) 전복을 채취하고 있었을 잠녀의 모습을 떠올려 보자. 바다 위에 떠 있는 몇 몇의 사람들 가운데 몸을 거꾸로 하여 마치 물 속으로 들어가고 있는 한 여성의 모습이 역력하게 보인다. 곧 "잠(潛)"이라는 분명한 행위를 묘사하고 있는 이 그림은 이들 여성이 무언가를 잡기 위해 자맥질하는 여성임을 보여주고 있다.

인간이 자맥질한다는 그 행위에는 생산활동 외에 유희적 성격도 있다. 서양에서 자맥질은 생업활동으로서가 아니라 심해에 대한 도전과 레저 활동으로 나타나며, 여름철 해수욕객들이 하는 스노클링을 연상해 봐도 알 수 있을 것이다. 이처럼 인간이 수중으로 들어가는 일반적 행위를 넘어서 특정의 생산활동으로서 이뤄지는 자맥질은 현재 비서구사회에서 전개되고 있는 어로 활동의 하나이다. 한편, 세계적으로 기계적 장치 없이 바다 속으로 들어간 잠수부들은 주로 남성들이었으며, 그 대표적인 예가 페르시아만과 남인도양의 진주 다이버들이다. 유전 개발과 양식 진주의 등장으로 오늘날 이들을 보기는 어렵지만, 그럼에도 태평양 도서지역의 해양민족들과 일본의 아마(海士)를 포함하여 세계의 잠수부들은 대부분 남성들이다. 이런 배경에서 물질과 같은 한국 여성의 어로활동은 세계적으로 특수한 해양문화라고 하겠다.

현재 제주사회에서 잠녀, 잠수는 제주도민의 할머니, 어머니 세대의 삶이자 가족사, 그리고 제주도 근대경제사에 고스란히 자리잡고 있다. 그만큼 가깝고 익숙한 문화이다. 그리고 이 문화 속에는 "어려웠던 시절(이 시점은 화자의 연령대에 따라 달라지지만 암묵적으로 식민지시대에서 근대화 과정인 1970년대까지를 포괄한다)"을 감내해야 하였던 여성 자신을 포함한 가족들의 애환이 이 문화 안에 함께 존재한다. 곧 물질하였던 어머니와 할머니, 혹은 고모와 이모의 존재가 가족과 친족 공동체 안에 자리하고 있는 것이다. 그러기에 제주 잠수들의 문화는 물질이라는 바다의 생산 활동과 그 활동에 의한 공동체 문화를 포함하고 있다. 이때의 공동체란 물질하는 여성 어업

공동체(잠수회)와 여성 가주주로서의 가족과 친족 공동체, 그리고 마을어장을 이용하는 마을 공동체 등 이들의 문화는 중층적 의미의 공동체 문화임을 함축하고 있다.

Ⅱ. 공유지의 비극을 넘는 지혜

1. 공유지 바다의 이용과 사회관계

바다는 공유지(commons)이다. 그리고 이용 및 권리의 주체가 중층적인 공유지이다. 흔히 말하는 '우리바다'라는 말의 '우리'는 마을주민이기도 한 동시에 어업 소공동체, 지방자치단체, 국가, 그리고 지구촌이기도 하기 때문이다. 공유의 문제와 관련한 가장 대표적 주장은 경제학자 하딘(G. Hardin)이 내세운 공유지의 비극론을 들 수 있다. 1968년 하딘은 목초지를 예로 하여 공유에 의한 자원 황폐화를 주장하였다. 그의 주장의 핵심문제는 '공유'에 있었다. 즉 공유를 함으로써 너나 할 것 없이 황폐화를 초래하여 모두에게 비극이 초래된다는 것이다. 그러나 공유의 비극론은 현실적으로 일어나지 않으며, 하딘의 결론은 '전혀 관리가 되지 않는 공유지'라는 전제 위에서 성립될 뿐이었다. 해양인류학자 아키미치 토모야는 아시아 태평양 연안의 여러 해양사회에서 공유의 비극을 넘어서는 해양박물학자(곧 어민들)의 문화가 있음을 강조하였다. 그는 다양한 해양동식물 공유자원의 이용형태를 밝힘으로써 자원의 지속적 이용은 사회문화적 제도와 규범에 달려 있다고 하는 것이다.

이러한 주장에 빗대어 필자는 제주도 해안마을의 어장 이용에 관한 사례들을 살펴보고자 한다. 제주도에는 전 연안을 따라 구성된 100개의 마을어촌계가 있다. 이 어촌계를 구성하는 사람들은 바닷일을 하는(혹은 해온) 주민인 어부(선주)와 잠녀(잠수)이다. 어선어업이 발달한 육지부(한반도)와 달리 제주의 어촌계는 잠녀회의 활동이 두드러진다는 것이 특징이다. 1962년 이후 수산업법에 의해 마을 어촌계는 어장이용의 '우선적 면허주체'가 되었고, 이에 따라 마을주민 중심의 어장 운영이 이뤄지게 되었다. 어촌계가 등장하기 이전, 마을주민들은 어획물을 중심으로 한 소공동체들이 있었다. 마을의 잠녀들은 '불턱(돌담을 쌓은 바닷가 작업준비 장소)'을 중심으로 어로활동을 하였다. 즉 공식적 제도가 정비되기 이전부터 주민들의 어장 이용의 관행이 있었다.

잠녀들은 마을어장이라는 한정된 구역 안에서 작업을 하므로 어장자원에 대한 의존도는 어부에 비해 상대적으로 높다고 하겠다. 결국 마을 앞바다가 비옥해야만 소득도 지속적으로 보장되는 것이다. 이에 어장 자원이 고갈되지 않도록 하는 방책이 여러모로 모색된다. 그 예를 살펴보면, 첫째, 조업시기에 맞춰 잠녀들은 마을어장을 여러 구역으로 나누어서 작업한다. 이것은 노동 효율성을 감안한 것이기도 하지만, 어장의 휴식년제와 같은 효과도 있다. 둘째, 물때라는 주기적인 조수시간에 맞춰 작업을 한다. 해양생태의 사이클에 맞춰 이뤄지게 되므로 한 달에 많아야 15일 안팎의 작업이 가능하다. 이로써 자원 남획이 일어날 1차적 가능성을 차단한다. 셋째, 자연양식장을 운영한다. 어장의 일정 구역을 금채기 지역으로 설정하여 연중 1~2회만 이곳에서 채취활동이 허가된다. 이곳에 어린 전복의 치패를 방류한다든지 하여 풍요로운 어장을 가꾸기 위한 모판구실을 하도록 하는 것이다. 바다에 있는 이 '자연' 양식장은 마을 해녀들에 의해 조성되었다. 넷째, 어장 자원 감시제를 운영한다. 특정 해산물에 대해 마을해녀들은 여름철 해수욕객들이 어린소라와 같은 해산물을 잡아가지 못하도록 '바당 지키기'를 한다. 이것은 산란기에 이른 소라의 자원보호 기능하며 이들의 독점적 자원권리를 보여주는 것이기도 하다.

이러한 여러 방책들에 앞서 가장 중요한 것은 이들이 물질이라는 어로법을 행한다는 것이 가장 중요하다. 이들은 산소통을 이용한 스쿠버다이버와 같은 방식을 취하지 않는다. 그런데 이것은 수산업법 상 마을어장 내 물질 이외의 방식을 허용하지 않기 때문에 물질이라는 어로법이 고수되는 것인가? 일찍이 다이버 방식의 잠수기(潛水機)를 응용할 수 있었음에도 제주도 연안에서 퇴출시킨 것은 마을 잠녀들이었다. 무엇보다 수차례 개정을 거듭한 한국의 수산업법은 어촌의 어로형태를 반영해 제정되었다. 아니면 고령의 그들이 다이버 방식을 하기 어렵기 때문에 옛 방식으로만 일을 하고 있는 것인가? 제도적 규정에 앞서 물질은 해안마을에서 이뤄져왔다. 그러면 이 전통은 무엇을 위해 이러한 물질이 고수되고 있는 것인가? 필자는 물질이라는 생산기술이 공동체적 사회관계와 연결되어 있다고 생각한다. 생산기술의 변화는 사회관계의 변화를 수반한다. 물질을 한다는 것은 소수 다이버에게 소득이 집중되는 것보다 다수의 해녀들에게 소득이 분배되도록 하는 것이다. 마을 앞 바다의 자원이 각 가정마다 소득으로 돌아갈 수 있게 하는 방책인 것이다. 게다가 물질은 상대적으로 다이버에 비해 마을어장이 고갈되는 위험성이 낮은 것은 말할 필요도 없다. 이런 맥락에서 볼 때 물질은 바다 속 해양동식물을 오래도록 이용하고, 그것이 마을의 각 가정의 소득으로 이어져 주민 상호의 공동체적 사회관계를 지속시키는 역할을 하고 있는 것이다.

2. 바다밭이라는 생활공간

달의 변화에 맞춰 일어나는 바닷물의 수위를 이용하여 잠수들은 "물에(바다에) 든다." 한 달에 두 번 낮 동안 수위가 낮아지는 때를 택해 물질을 한다. 바다로 뛰어드는 잠수들에게는 바다 속 지형에 대한 인지적 지도가 있다. 해저 속에는 암초와 모래더미 등을 기준으로 여러 지명들이 있는데 이곳을 '바다의 밭'이라고 할 수 있다.

이 바다밭은 잠녀의 생애주기와도 연관성을 가진다. 오랫동안 물질하였던 잠녀들은 가까운 곳에서 먼 곳까지 나갔던 물질 경력을 가지고 있어 그녀의 바다밭은 아주 넓을 것이다. 또한 은퇴한 후에도 바다 속의 밭들은 사라지지 않고 그녀의 인식 속에 남아 있다. 밭과 바다를 오가는 잠녀들에게 바다 속의 '물 아래' 세계는 육상과 이어지는 생활공간이다. 게다가 육상의 변화에 따라 해저의 생태를 유기적으로 파악하는 것도 볼 수 있다. 이들에게 바다는 육상과 분리되어 있는 것이 아니라 상호 유기적으로 파악되는 통합적 세계이다. 더군다나 그들의 몸이 육상과 물속을 오가고 있다는 데에서도 육상과 바다는 이질적인 생태적 조건에도 불구하고 하나의 생활세계로 존재하고 있는 것이다. 달리 말해 해저세계는 '경험에 의해 구성된 생활세계'인 것이다. 수중을 오가는 물질은 인간 그 자신이 지구 환경의 밖이 아니라 그 안에서 거주하고 있음을 생생히 느끼게 해주는 어로이다. '바다밭'이라는 말의 의미도 여기에 찾을 수 있다.

바다밭으로 가는 것은 채취권을 가진 자에게만 허용된다. 마을에 거주하는 잠녀가 아니면 안된다. 이러한 배타적 자원 권리는 마을 어장이 누구에게나 열린 곳이 아님을 말하고 있다. 이것은 물질을 하려는 이의 입회를 방해하는 동시에 무제한적 접근을 차단해 자원 고갈의 위험성을 차단하는 효과가 있다. 따라서 잠녀들의 물질은 채취권을 행사하는 것이다. 그런데 이들은 아무리 젊고 기량이 뛰어난 잠녀라 하더라도 그녀는 스쿠버다이버를 주장 한다거나 개별적 채취행위를 하지 않는다. 곧 모두가 함께 물질하지만, 개별

적으로 물질하지 않는다. 바다밭의 자원을 채취하는 물질이 집단
성을 띠는 것은 바다의 생태와 사회적 성격에서 비롯된다. 물질은
물때라는 생태적 조건을 고려해야만 하고, 어장이라는 공유자원을
주민으로서 이용할 어로권을 행사하는 것이다. 따라서 물질행위
에는 생태와 민속적 지식과 현대적 제도가 결합되어 있음을 알 수
있다.

3. 해신에 대한 자손의 의무와 권리

어촌에서 흔히 볼 수 있는 풍어제 혹은 해신제는 동아시아에서
널리 나타나는 조상숭배의 일례이다. 다만 이때의 '조상'은 신화적
조상을 말한다. 바다를 조상의 세계로 관념한다는 것은 사회적으
로 어떠한 의미가 있는 것인가? 신화 속의 조상이 어떻게 현실의
자손에게 유의미한 존재가 되는 것인가? 조상은 자손을 전제하는
존재이므로, 조상의 세계로서 관념되는 바다는 곧 자손인 이들에게
어떠한 의무와 권리가 있는 세계이다. 필자가 본 〈동김녕리 잠녀
굿〉을 사례로 할 때, 마을 잠수들이 해마다 해신을 향해 올리는 의
례(굿)는 형식화 된 의식(儀式)과 영원으로 회귀하는 시간을 통해 '현
재 이 공간'에서 살아 있는 전통의 힘을 발휘한다고 본다. 의례를
거행한다는 것은 신을 영접하여 음식을 바치고 풍어를 기원하는 교
환 행위로 나타나며, 이러한 의례 행위을 통해 조상을 영접하는 자
손은 의무와 함께 그 조상의 자손이라는 상징적 권리도 함께 부여
받는다. 그 상징적 권리는 무엇인가? 필자는 이를 바다의 자원에
대한 권리라고 해석한다. 그들이 잡는 해산물을 키워주는 존재가
요왕신이며 이를 잡는 이가 그들이기 때문이다. 그렇다면 이들의
의무는 무엇인가? 조상신에게 음식을 공양하는 그것에 그치는가?
잠녀굿에서 부정하지 않은 마을 두 잠녀가 나머지 자손들을 대신해

해안가 씨를 뿌리는 것이 이들의 상징적 의무라고 본다. 즉 바다의 풍요를 얻기 위해 하는 파종의 행위, 그리고 바다의 조상이 키워준 그 풍요로움을 잘 거두는 것이 자손의 의무인 것이다. 결국 바다의 풍요로움 얻는 데에 자손의 실천이 뒤따르며 그것이 의례에서는 파종으로 나타나는 것이라 해석한다.

바닷가에 씨앗을 뿌리는 퍼포먼스는 잠녀들이 풍요를 거두려는 상징적 실천이다. 그러면 현실 속에서 그 실천은 어떻게 나타나는가? 예를 들어 마을어장의 자원에 대한 관리, 감시 활동을 생각해 볼 수 있다. 그리고 여기에는 또한 독점의 논리도 있다. 그러면 물질이라는 방식에 의해 (스쿠버다이버들보다) 덜 잡고, '해녀'들만 독점하는 방식에 의해 바다의 풍요는 이뤄지는 것인가? 이처럼 독점적 자원 권리를 상징하는 것이 이 의례의 목적일까?

바다의 풍요를 위해서는 자원 고갈을 방지할 수 있는 제도도 필요하지만, 고갈의 위협을 초래하지 않도록 관념적 규범에 의해 방지할 수도 있다. 이 두 가지는 상호보완적이며 또 보충적 역할을 할 때 하나의 체계로서 구축된다고 생각한다. 필자는 이러한 관념적 규범을 바다의 물질하는 여성들의 언어에 비춰 볼 때 그들이 자주 말하는 "벗"을 통해 알 수 있지 않을까 생각한다. 의례에서 씨앗을 뿌리며 그들이 거두고자 하는 '풍요'는 곧 벗이라는 말로 표현되는 사회관계로부터 유추할 수 있다.

Ⅲ. 벗이라는 관계

1. 욕심과 명심의 금언

바다와 잠녀 사이에 신화적 친족 관계라면, 잠녀들 사이는 경쟁적이면서도 호혜적인 벗의 관계라고 말할 수 있다. 물질을 하러 갈 때에도 물질 할 때에도 잠녀들은 혼자 다니지 않는다. 마을 여자들이 한 배, 한 트럭에 타서 일터로 간다. 또 삼삼오오 짝을 지어 바닷가로 간다든지 잠녀들에게 벗은 한두 명을 말하는 것이 아니다. 이들의 사회관계는 중층적(重層的)으로 엮여 있는 것을 볼 수 있다. 어머니와 딸, 자매, 고모와 이모, 조카, 사촌, 같은 모임의 구성원, 친구 등으로 이루어져 있다. 사실 벗은 자신의 채취경쟁자이기도 하다. 그럼에도 어떻게 '벗'이 되는가?

　"물질은 욕심이 있어야 한다", "물아래에서 욕심을 부리지 말라", "욕심을 명심해라" 이 말들은 물질하며 곧잘 들을 수 있는 잠녀들의 금언이다. 물 아래로 내려가 해산물을 채취하려는 의지로서의 욕심은 있어야 하고, 숨이 다하고 있는 줄도 모른 채 해산물을 잡으려고 하는 욕심은 부리지 말하야 한다. 따라서 욕심은 일의 동력을 제공하지만 때론 위험을 초래할 수 있다는 것도 명심해야 하는 것이다. 이같은 욕심과 명심의 금언은 동료들 사이에도 적용할 수 있다. 물질을 할 때 서로 가까운 곳에서 하는 동료들을 서로 "벗", 혹은 "멤버"라고 부른다. 그런데 이들은 사실 가까운 곳에서 일하고 있는 자신의 채취경쟁자이기도 하다. 그럼에도 그들 사이의 강한 정서적 유대가 나타나는 것을 볼 수 있다. 경쟁자임을 상쇄시키는 또 다른 그 무엇. 그것은 물질할 때 이들이 서로 위험을 예방하는 안전장치 역할을 하는 데에서 찾을 수 있다. 물의 벗은 일상생활 속의 벗으로 연장된다. 이들은 함께 한 집에 오랜 시간 이야기를 하거나 태풍에 올라온 감태를 거두는 일을 동아리를 만들어 하며, 여러 농삿일도 서로 같이 거든다. 뿐만 아니라 시장을 가거나 미용실, 노래방도 같이 가는 등 거의 모든 일상을 같이 한다. 그래서 이 벗은 단지 물질하는 동료인 것만이 아니라 생활의 연대자로서의 의미를 가지고 있다. 그런 면에서, 벗이 자신보다 더 많이 잡을 것을 시기, 경계하는 욕심을 부리기보다 생활의 연대자임을 명심해야 한다. 욕심과 명심이라는 말에는 과욕과 동료 간의 경쟁을 상쇄시키는 의미도 있는 것이다. 그럼으로써 잠녀들이 바다에서 겪게 될 물리적 위험성과 그들 사이에 초래될 수 있는 경쟁의 가능성이 호혜적 관계로 유도되고 있는 것이 아닌가 생각한다.

2. 호혜적 사회관계

한 잠녀는 다양한 조직과 여러 관계 속에 위치한다. 우선 잠녀회원으로서 그녀는 복잡다단한 관계망을 통해 각종 정보와 소문도 듣는다. 잠녀회원들이 여러 규칙, 관행, 불문율을 지키는 데에도 이 관계망이 한 역할을 한다. 또 여러 사람들과 음식과 노동을 교환한다. 필자가 조사한 동김녕리에서는 마을 여성들이 물질 외에도 마늘과 양파 농사를 주로 했다. 수확기인 5~6월은 마침 우뭇가사리를 채취해야 하는 시기와 겹쳐 일손이 부족할 때이다. 또 9~10월 경은 양파 묘종을 심을 때로 이때도 많은 노동력이 일시에 필요하다. 노동 외에도 일시에 인력이 필요한 때가 또 있다. 자식의 혼사와 부모의 상(喪) 같은 경조사는 많은 손님을 접대해야하기에 음식 준비 또한 만만찮은 일이다. 40~50대 가정주부인 이들은 많은 친목회를 조직함으로써 이 문제를 해결하고 있었다. 회비 1~2만원으로 매월 또는 두 달에 한번 모임을 갖고 음식을 함께 먹으며 푼돈을 목돈으로 만들어 갔다. 게다가 회원들은 서로 필요한 도움을 줄 수 인력이 되었기에 '친목'을 만드는 이유는 상호 생활 연대자를 만드는 데 있다고 하겠다. 물론 여기에는 물질하지 않는 마을여성과의 연대도 이뤄진다. 이처럼 중층적으로 엮인 관계를 통해 농사일과 경조사에 필요한 노동력과 자금의 문제를 해결할 수 있고 회원 상호간의 상호부조라는 호혜성을 발휘한다. 이 외에도 가정의례로 전해지는 돗제(돼지 供犧)는 3~5년을 주기로 마을주민들에게 음식을 제공하는 의례로 마을주민들 사이의 부(富)의 분배가 구조적으로 장려되어 왔음을 알 수 있다.

* 이 원고는 필자의 글(「벗이 있어야 물질한다: 제주해녀(잠녀) 문화의 보편적 가치」, 『제주 해녀 문화』, 국립무형유산원, 2016, pp.120~133)을 일부 참고하여 수정·보완한 것임을 밝혀둔다.

::참고문헌::

강소전, 「제주도 잠수굿 연구: 북제주군 구좌읍 김녕리 동김녕마을의 사례를 중심으로」, 제주대학교 석사학위논문, 2005.

박찬식, 「제주 해녀의 역사적 고찰」, 『역사민속학』 19호, 한국역사민속학회, 2004, pp.135~164.

아키미치 토모야(이선애 역), 『해양인류학: 해양의 박물학자들』, 민속원, 2005.

안미정, 「제주해녀의 이미지와 사회적 정체성」, 제주대학교 석사학위논문, 1998.

안미정, 「바다밭을 둘러싼 사회적 갈등과 전통의 정치: 제주도 잠수마을의 나잠과 의례」, 『한국문화인류학』 39(2), 한국문화인류학회, 2006, pp.307~347.

안미정, 『제주 잠수의 바다밭』, 제주대학교출판부, 2008.

안미정, 「식민지시대 한·일해역의 자원과 해녀의 이동」, 『한국민족문화』 58, 부산대학교 한국민족문화연구소, 2016, pp.481~517.

李善愛, 『海を越える濟州島の海女』, 明石書店, 2001.

정루시아, 「제주도 당신앙 연구: 구좌읍 김녕리를 중심으로」, 중앙대학교 석사학위논문, 1999.

제주도, 『濟州의 海女』, 제주도인쇄공업협동조합, 1996.

제주도·제주도여성특별위원회, 『구술로 만나는 제주여성의 삶 그리고 역사』, 파피루스, 2004.

제주특별자치도 해녀박물관, 『濟州海女史料集』, 경신인쇄사, 2009.

제주특별자치도, 『제주 수산 60년사』, 파피루스, 2006.
제주특별자치도, 『숨비질 베왕 늡누지 아녀』(제주해녀생애사 보고서), 2014.
좌혜경 외, 『제주해녀와 일본의 아마』, 민속원, 2006.
진관훈, 『근대제주의 경제변동』, 각, 2004.

삼별초의 대몽항쟁과
서남해 바다

윤용혁

(공주대학교 명예교수)

삼별초의 대몽항쟁과
서남해 바다

    고려시대는 한국의 해양문화 연구에 있어서 의미 있는 요소를 담고 있는 시기이다. 10세기 초 태조 왕건의 건국과 통일을 뒷받침한 힘은 바다로부터 나온 것이었고, 뱃길을 통하여 서울과 지방을 연계하는 조운제라는 시스템을 정착시킨 것도 이 때였다. 13세기에는 몽골의 압박이라는 타의적 상황 때문이기는 하지만 수도를 섬으로 옮겨, 섬을 거점으로 40년 동안 국가를 운영하는 새로운 역사가 쓰여진 시기이기도 하였다. 13세기의 삼별초는 이같은 고려 왕조의 '바다의 힘'을 바탕으로 몽골로부터의 압박을 극복하려는 꿈을 가졌던 집단이다. 그리고 그 결과가 1271년 이후 3년 간에 걸치는 김통정의 삼별초 제주시대의 연출이다.

I. 근대사학에서의 삼별초 항쟁

    13세기 몽골과의 전쟁은 말하자면 외세의 침입에 의한 국가와 왕조의 존립이 위협되는 사건의 하나이다. 수당의 침입이나 거란의 침입과 마찬가지로 전쟁의 경과는 전통시대에 있어서도 중요한 역사적 사실에 속한다.

    여몽전쟁에 있어서 전통사학에 대한 근대사학의 관점의 차이를 보여주는 가장 명확한 차이는 삼별초의 항전에 대한 평가이다. 15세기 『동국병감』에는 삼별초의 항전에 대해서는 전혀 언급되어 있지 않다. 『고려사』에서는 삼별초 항전을 '삼별초의 란', 즉 왕조에 대한 반란 사건의 하나로 파악하고 있다. 이같은 관점에 서게 되면, 삼별초의 항전은 외세 침입에 대한 항전으로서는 파악될 수가 없는 것이다. 결국 왕조사인가 국가사인가라고 하는 전통사학과 근대사학의 관점 차이가 여몽전쟁에 있어서는 '삼별초의 란'을 어떻게 평가하고 취급하는가에서 분명한 차이를 드러내고 있는 것이다.

이러한 점에서 생각하면 '삼별초의 란'을 대몽항쟁사의 중대한 사건으로 정리하고 평가한 1940년대 김상기 선생의 학문적 업적은 매우 큰 의미를 갖는다. 그것은 식민지사학의 '몽고의 고려 침략사'를 '고려의 대몽항쟁사'로 자리잡게 한 것이다. 삼별초의 역사적 평가에 대해서는 현금 다양한 관점과 스펙트럼의 차가 있는 것은 사실이지만, 기본적으로는 김상기 선생의 학문적 토대 위에서 지금까지 논의가 진행되고 있다고 할 수 있을 것이다. 이것이 근대사학에 있어서 대몽항쟁사 인식의 첫 번째 계기라 할 수 있다.

대몽항쟁사 정리에 있어서 클라이막스는 1270년부터 햇수로 4년에 걸치는 삼별초 항전에 대한 평가이다. 삼별초 항전에 대한 재평가와 재인식은 근대사학의 초기에 거둔 중요한 역사학적 성과라고 평가할만하다.

삼별초는 원래 최씨정권에 의하여 조직되고 무인정권의 권력 유지에 핵심적 기반이 되었던 군사력이었다. 따라서 무인정권에 대하여 비판적 입장에 서게 되면. 자연 삼별초의 존재에 대해서도 비판적 입장을 견지하게 될 공산이 높다. 이 때문에 무인정권을 비판하면서 삼별초의 역할을 적극적으로 평가하기 위해서는 일정한 논리의 정립이 요구된다. 강진철 교수는 바로 이 점에서, 두 가지

密府宣慰使遣東京安撫揪管來鞫之明年
王遣承益及金周鼎趙仁規柳庇等偕來使
往東寧府辨之坦等服其誣十六年帝罷東
寧府悉歸西北諸城王拜慎文庇為大將軍
玄元烈為大僕尹羅公彥李翰為將軍十八
年世子在元帝以慎等付之命曰比入雖叛
爾國向朝廷有分毫心爾勿大責三十一年
慎拜同知密直司事從王如元黨王惟紹譖
毀忠宣三十三年與惟紹伏誅籍家產父子

成均學諭
裴仲孫

裴仲孫

兄弟皆没為奴慎子方固用孟等三人充驛
戶方固用和皆登第至是削名籍忠彥十六
年方圓用孟皆許通方固出守梁州用孟拜

京榜示豊日趣令悉還三別抄有異心不從
王遣將軍金之氐入江華罷三別抄取其名
籍遣三別抄恐以名籍聞于蒙古益懷反心

列傳 卷第四十三 叛逆四

仲孫與夜別抄指諭盧永禧等作亂使人呼
於國中曰蒙古兵大至殺戮人民凡欲輔國
者皆會毬庭頃臾國人大會或奔走四散爭
舟渡江多溺死者三別抄禁人出入㳂江大
呼曰凡兩班在舟不下者悉斬之聞者皆懼
而下其或發舩欲向開京者賊乘小艇追射
之皆不敢動城中人驚駭散匿林藪童稚婦
女哭聲滿路賊發金剛庫兵器分與軍卒嬰
城固守仲孫承禧領三別抄會市廊逼承化

侯溫為王署置官府以大將軍劉存奕尚書
左丞李信孫為左右承宣初賊謀作亂將軍
李白起不應至是斬白起及蒙古所遣回回
於街中將軍鄭文鑑及其妻直學鄭文鑑及其妻
皆死之參知政事蔡楨樞密副使金鍊都兵
馬錄事康之紹逃亂出橋浦賊騎追不及江
華守卒多亡出陸賊度不能守乃聚船艦悉
載公私財貨及子女南下自仇浦至缸破江
軸艫相接無慮千餘艘時百官咸出迎王其

八三五

01 | 〈고려사〉 반역열전 배중손전

점을 끌어낸다. 첫째는 삼별초가 당시에 반몽골, 반정부의 기치를 명확히 하였다는 점, 그리고 삼별초의 봉기가 '민중'의 지지와 '호응'을 배경으로 하였다는 점이 그것이다.

II. 삼별초, 강화에서 진도-제주도로

1231년에 개시된 몽골의 침입에 대하여 고려는 산성과 섬(해도)으로의 입보를 주요 전략으로 채택하였다. 이른바 '해도입보'의 핵심에 해당하는 것이 1232년의 강화 천도이기도하다.

고려시대 육지와 섬의 관계에 비추어 생각할 때, 1232년 개경의 도읍을 강화도로 옮긴 것은 극히 파격적인 정책 결정이었다. 한국의 역사에서 수도를 섬으로 정하고 있던 시기는 이것이 유일한 것이다. 강화에의 천도는 물론 몽골의 침략 위협을 완화하기 위한 것이기는 하였지만, 당시 정책 결정자 무인집정자 이외에는 국왕으로부터 대신 이하에 이르기까지 거의 모두로부터 동의되지 않았던 정치적 결정이었다는 점도 이것이 갖는 파격적 성격을 말해준다.

강화도에 건설한 강도에 대해서는 전란기의 '임시 수도'로서 인식하는 것이 일반적이다. 그러나 천도를 주도한 무인정권이 강화 천도를 공식적 '천도'로서 인식하고, 강도를 '황도(皇都)'로 지칭한 예에서 보면 단순한 임시적 조치를 넘는 것이었다. 따라서 강도 건설은 서둘러 진행되기는 하였지만, 궁궐, 성곽, 관아, 사원 등 제반 시설이 개경을 방불할 정도로 일정한 규모를 갖추었다. 이것이 가능했던 것은 앞에서 언급한 조운의 시스템이 전란 기간에도 여전히 운용되었기 때문이다.

강화도에의 천도와 몽골전란기 40여 년(1231~1273)은 뱃길의 비중을 절대적으로 높이는 것이었고, 동시에 강화 이외 연안 섬들의 존재 가치를 새롭게 인식하게 되는 시기였다는 점에서 중요하다. 강화 천도에 의하여 강도는 개경의 지위를 지칭하는'황도'로 칭해지기도 하였고, 또한 강화도 이외에 진도 혹은 제주도와 같은 제2, 제3의 섬의 수도가 구상되고 추진되었다는 점도 흥미 있다. 특히 진도의 경우는 강

02 | 진도 용장성 궁궐터(목포대 박물관 사진)

도시대 말기, 새로운 천도지, 제2의 해양 수도로서 지목되어 사업이 추진되었던 곳이다. 1270년 삼별초가 진도에 거점을 정한 것은 6월 봉기 이후의 결정이 아니었다는 것이 근년 수년에 걸친 목포대 박물관의 조사 결론이었다. 즉 국왕(원종)의 친몽 접근에 대하여 위기의식을 느낀 무인정권은 유사시 강화도를 포기하고 전열을 재정비하여 재기를 기하는 새로운 거점으로서 진도를 지목하고 사전 준비를 진행하고 있었던 것이다. 그것이 바로 진도 용장성의 건설이었다.

진도 천도의 계획이 마련된 것은 아마 김준 집권의 말기, 1268년(원종 9)의 일이었을 것으로 추정한다. 1268년 김준에 의한 해도 재천(再遷)의 시도에서 그 대상지가 어디였는지는 밝혀져 있지 않

다. 그러나 바로 2년 후인 1270년 봉기한 삼별초군이 진도로 거점을 삼았던 점, 진도 용장성 내의 건물지(왕궁지)가 매우 치밀하게 계획된 대규모 건축 사업이었던 점을 생각하면, 바로 이 시점에서 진도는 이미 새로운 천도지로 상정되어 도성 건설 작업이 착수된 것으로 보인다.

진도 용장성의 성내 중심 구역에는 경사면에 9단의 층단을 이룬 축대를 조성하여 건물을 지었는데, 이것이 삼별초 정부의 '궁전'이라고 후대 기록에 남겨져 있다. 궁궐지에 대한 조사는 성내 건물지 중 중앙에 해당하는 F지구에 대해 1989년 조사가 시행되었으나 조사가 본격적으로 이루어진 것은 2009년 이후의 일이다. 20여 동 이상의 건물이 치밀하게 배치되어 있는 건축의 양상은 개경의 만월대를 연상시키는 구조로서, 매우 섬세한 계획 하에 시공된 것임을 보여주는 것이었다. 용장성 궁궐지에 대한 최근 조사에서는 '태평십년 경오사월(太平十年 庚午四月) … 금사사(金沙寺)' 명문이 새겨진 기와 자료가 소개되었다. 또 2011년 발굴의 청동합에서 '월남사(月南社)'라는 글자가 확인되었다. '태평 10년'은 1030년(현종 21)에 해당하는 것이어서 용장성 건설 이전의 건물지 역사에 대해서도 새로운 문제를 제기한 셈이 되었다. 그러나 진도 시기는 오래 지속되지 않았다. 1271년(원종 12) 5월 여몽연합군에 의하여 진도가 함락되었기 때문이다. 이후 1273년 4월 여몽연합군에 의하여 제주도가 다시 함락되기까지 3년 간 제주도는 삼별초의 항전 거점으로서 기능하게 된다.

Ⅲ. 완도와 남해도의 삼별초

삼별초의 중심 거점은 진도, 제주도이지만, 서남해 여러 도서에

도 삼별초의 중간
거점들이 마련되었
다. 완도, 남해도
등이 그 예이다.

　『고려사』에는
기록되어 있지 않
지만, 삼별초의 항
몽 전쟁 당시 완도
에는 송징(宋徵) 장
군이 주둔하였던

03 | 완도군 장도의 송징 장군 사당

것으로 되어있다. 무용 절륜의 송징이라는 인물은 삼별초의 장군
이었다고 구전되어 오고 있으며, 조선 초기에도 호국신으로 모셔지
고 있었고, 이같은 전통은 근년에까지 이어져 왔다. 송징이 완도에
주둔하고 있었던 기간은 대개 삼별초의 진도 거점시기인 1270년 7
월부터 이듬해 5월까지가 된다. 1271년 진도가 여몽군에 함락되
면서 송징은 김통정과 함께 제주 도로 철수하였을 것이라고 추측할
수 있다. 그는 1271년 5월 완도로부터의 철수 이전에 이미 제거되
었을 가능성이 높아 보인다.

　경상도 연안지역의 삼별초 거점은 남해도였다. 이곳에는 처음
삼별초의 강화도 봉기시 좌승선(左承宣)에 추대되었던 대장군 유존
혁(劉存奕)이 주둔하고 있었다. 유존혁은 1258년 최씨정권을 무너
뜨린 무오정변에 낭장의 직으로 적극 가담하여 이후 김준 정권기에
승진을 거듭한 인물이다.

　남해도는 최씨 무인정권의 가장 중요한 경제적 거점이었던 진
주(晉州) 관내에 소재하며 팔만대장경 판각처(분사대장도감)의 하나로
알려져 있다. 주변에는 거제도, 창선도를 비롯한 많은 섬이 발달하
여 있으며 몽골군의 대일(對日) 진출거점으로 새로이 부상하던 금주

(김해) 혹은 합포(마산)를 겨냥한 전략거점이기도 하였다. 이 때문에 일찍부터 남해도는 진도, 거제도와 함께 남해 연안의 '3대 요충'으로 일컬어져 온 곳이다. 남해의 유존혁은 진도정부와 일정한 연결 관계를 가지면서 경상도 연안 일대에서의 군사 활동을 지휘했던 것이다.

1271년 5월 유존혁은 진도가 함락되자 휘하 선단 80척을 이끌고 남해도를 떠나 제주도에 합류하였다. 80척을 인원으로 따지면 대략 3천에 가까운 규모로 추정된다.

Ⅳ. 김통정, 역사가 신화가 되다

제주도가 고려에서 주목되는 것은 역시 무인정권에 의한 것이었다. 1260년(원종 1) 2월의 기록에 '제주 천도'에 대한 소문이 퍼지고 있음이 기록되어 있는데, 이 무렵(1월) 강도정부는 제주부사 나득황(羅得璜)으로 하여금 제주 방호사(防護使)를 겸하게 하는 조치를 취한다. 강화도를 포기할 경우에 대비하면서, 제주도의 전략적 유효성이 강도 무인정권에 의하여 구체적으로 검토되기 시작한 것이다. 제주도의 국제 전략상의 유효성에 대한 주목은 기록상으로는 이것이 처음이다. 이후 몽골의 개경 환도 독촉이 심해지던 1268년(원종 9)에 제주 천도설은 다시 제기되고 있다.

1271년 제주에서의 새로운 지도부를 구성한 김통정은 개경에 친족들을 많이 둔 명문가 출신으로 생각되고 있지만, 거의 알려진 정보가 없다. 김통정을 회유하기 위하여 그의 조카인 낭장 김찬(金贊) 등을 개경 측에서 제주에 파견한 적이 있다. 조카가 낭장이라는 무반직을 가지고 있는 것을 보면, 김통정도 원래 배중손과 비슷한 무반 장군이었을 가능성이 많다.

삼별초 정부가 건설한 제주도 항파두성은 내성과 외성의 2중구조로 되어 있다. 외성은 북향하는 형태로 되어 있으며 둘레는 약 6km, 성내 면적은 26만 평에 달한다. 학술적 조사가 본격화 하는 것은 2010년부터의 일이고, 시굴 조사를 거쳐 2012년도 이후 토성과 건물지에 대한 발굴 작업을 비로소 시행하게 된다. 항파두성이 강화중성에 비하여 상대적으로 매우 거칠게, 그리고 서둘러 조성한 것은 사실이지만, 토축의 축성 방식에서 파악되는 공통점은 강화도에서의 축성 방식이 제주도에서 재현됨으로써 제주 이주 집단의 강화도와의 동질성을 파악할 수 있다.

탐라 삼별초의 지도자 김통정에 대해서는 비교적 풍부한 설화가 전한다. 그의 출생 설화는 영웅전설이 흔히 갖는 신비성이 강조되어 있다. 밤에 청의동자가 어머니에게 들어와 잉태하였는데 그 동자는 지네였다고도 하고, 김통정은 중국 출신의 높은 관직자였다는 이야기도 있다. 김통정은 태어날 때부터 온몸에 비늘이 덮여 있어 칼로도 그를 죽일 수 없었다고 한다. 겨드랑이에는 작은 날개가 있었으며, 변신하는 도술이 능한 장군이었다는 것이다. 김통정이 특별한 출신, 특별한 지위의 인물이었다는 것이 구전의 공통점이고, 이는 김통정에 대한 제주 사람들의 인식을 반영하는 하는 것이다. 구전자료 가운데 강조되고 있는 한 가지는 그의 비극적 결말이다.

김통정은 탐라에 있어서 돌연히 부각된 절대적 지도자였지만, 그러나 그가 독립왕국

04 | 김통정이 거점으로 삼았던 항파두성

05 | 항파두성의 발굴 조사(제주고고학연구소, 2012)

의 왕을 칭하였다는 기록이나 근거는 없다. 탐라 삼별초는 식량 등의 물자를 거의 외부에서 조달해야 한다. 연해 지역에 대한 활발한 침입은 이러한 제주 삼별초의 생존 여건과 밀접히 연관되어 있다. 그러한 과정에서 집단의 수장(首長)의 지위를 어떻게 설정할 것인가 하는 것은 매우 중요한 문제이다. 단순히 삼별초 집단의 수장인지, 아니면 독립정부의 왕인지 하는 문제이다. 진도에서는 고려의 왕족을 세워, 정통 고려정부를 자처하였다. 이 점에서 탐라에서는 어떤 형식으로 삼별초의 자기 위치를 설정하였을까. 탐라 삼별초에 있어서 정통성과 정체성의 확보 문제는 더욱 중요한 문제로 대두 되었을 것이다.

V. 삼별초, 일본열도와 오키나와

삼별초의 진도 거점은 육지부와 도서부를 연결하는 요충이기도 하지만 바다를 통하여 국외로 이어지는 거점지역이기도 하다. 삼별초의 진도정부가 몽골에 대항하는 방편으로 일본과의 연합 전선 구축을 모색다. 일본에 사신을 파견, 대몽항전에 있어 공동의 보조와 협조를 타진하게 된 것은 원종 12년(1271)의 일이다. 진도에서 보낸 편지는 진도정부가 몽골군에 의해 무너진 한참 뒤인 9월 초에야 카마쿠라(鎌倉) 막부를 거쳐 쿄토(京都)의 조정에 전달되었다.

　진도정부가 일본에 보낸 편지 내용에 대해서는 『길속기(吉續記)』의 동년 9월 4일조에 기재 되어 있는데, 식량과 병력으로 협조해 줄 것을 구체적으로 요청하는 내용이 포함되어 있다. 그런데 동경대학 사료편찬소의 보관문서인 「고려첩장불심조조(高麗牒狀不審條條)」는 이때 진도정부에서 보낸 편지의 내용에 대하여 좀 더 구체적인 지식을 전하고 있다.

　이 자료에 의하면 진도 삼별초정부가 보낸 편지는 몽골에 대한 비난, 반몽 의지가 명백히 나타나 있다. 가령 제1조에서 몽골을 '위취(韋毳, 짐승의 가죽)'라는 말로, 3조에서 몽골풍속(문화)을 '피발좌임(被髮左衽, 오랑캐의 습속)'이라는 문자로 지칭한 것 등은 공식적 외교문서로서는 매우 강렬한 반몽 의지의 표현들이다. 당시 삼별초 정부가 진도정부야말로 정통의 '고려'정부임을 표방하고 있다는 점

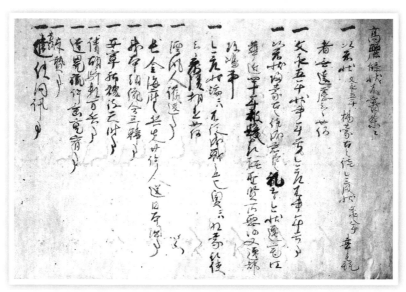

06 | 삼별초의 외교문서에 대한 내용을 전하는 '고려첩장'(동경사료편찬연구소 자료)

이 주목된다. 이 때문에 본 문서의 제목은 '고려의 첩장(高麗牒狀)'이며, 강화도에서의 40년 항전 이후 항몽 전통을 계승하여 진도로 천도하였음을 제3조에서 밝히고 있다. 고려첩장 문서의 이상과 같은 맥락은 일본과의 공동운명을 강조함으로써 진도정부는 일본의 구체적 지원 가능성을 타진하게 된 것이라 하겠다.

오키나와 우라소에성에서는 "계유년에 고려 기와기술자가 만들었다"는 내용의 '계유년고려와장조(癸酉年高麗瓦匠造)'명 기와가 다수 출토되었다. 이 기와와 함께 나오는 연화문 수키와 와당은 진도 용장성의 와당과 매우 흡사하다. 기와 제작 시점을 가리키는 문제의 '계유년'은 1273년이라 하기도 하고 1333년 혹은 조선 건국 직후인 1393년이라고도 한다. 우라소에성에 대한 발굴 조사 결과는 1273년의 시점에 더 무게가 실렸다. 1273년은 삼별초가 제주도에서 몰락한 시기이기도 하다. 삼별초의 변동 과정에서 그 세력의 일부가 오키나와에 옮겼다는 것은 사실을 아직 확정하기는 어렵지만, 많은 사람들의 공감을 얻고 있는 것도 사실이다.

가마쿠라 막부의 일본은 삼별초의 반몽 연대 제의에 대해 무관심하였다. 그러나 사실 일본은 삼별초 대몽항전의 가장 큰 수혜자였다. 1273년 제주도에서 삼별초가 최후를 맞게 되자, 여몽 연합군은 드디어 진로를 일본으로 향하여 1274년과 1281년의 2회에 걸쳐 일본 침공을 감행하였다. 이들의 군사 작전은 성공적이지 못하였다. 특히 1281년에는 태풍으로 인하여 연합군이 커다란 타격을 입었고, 이후 후속적인 군사적 침입을 다시 시도하지 못하였는데, 만일 삼별초가 없었더라면 필시 일본의 역사는 달라졌을 것이다.

VI. '13세기 해양관방유적', 그리고 고려 건국 1100년

근년 삼별초 유적의 유네스코 세계유산으로서의 가능성을 탐색하는 논의가 일고 있다. 이에 대한 첫 제안이 있었던 것은 2012년, 제주고고학연구소 주최의 학술 모임에서의 일이다. 제안자는 기와 연구자인 일본 국사관대학의 도다(戸田有二) 교수이다. 그후 인천시에서는 강화도의 역사유적을 세계문화유산으로 추진하기 위한 학술회의가 개최되었는데, 이때 참성단, 강도유적, 해양관방유적의 3건을 중심으로 한 논의가 있었다. '강도 유적'은 고려시대 대몽항쟁 유적을 중심으로 세계유산을 추진하는 안이다. 결과적으로 강화에서의 세계유산 추진은 강화도의 '해양관방유적'에 초점을 맞추고 진행하는 것으로 정리 되었다. 그러나 향후 진행에 따라서는 고려시대 강도유적을 연계하는 안이 다시 부각될 가능성이 잠재되어 있다.

전문가들에 의한 논의는 아니지만 근년 한 고등학교 역사동아리에서는 삼별초 유적의 의미를 강조하면서 이의 세계유산 추진 홍보활동을 전개한 바 있다. 삼별초 유적의 세계유산 추진은 아직 제안의 단계에 머물러 있다. 그러나 강화, 진도, 제주의 3개 지자체를 연계하고, 큐슈의 관련 유적과 연계하여 하나의 개념으로 엮는다면, 다국가 연계의 세계유산으로서 가능성이 없는 것은 아니다. 13세기 몽골의 확대에 대항하는 저지선의 거점이 강화, 진도, 제주, 후쿠오카로 이어지기 때문이다.

삼별초는 13세기 '몽골의 시대'를 반영하는 키워드 가운데 하나이다. 고려를 비롯한 중국, 일본 등 동아시아 각국은 13세기에 몽골의 군사적 압박이라는 공통적 경험을 가지고 있다. 중국은 금과 송이 차례로 몽골의 영토가 되고 그 터 위에 '원' 제국이 수립되었으며, 일본은 두 차례에 걸친 대규모 군사적 침공에 의하여 큰 충격을 받았다. 일본열도를 제외한 동아시아 각국은 1270년 고려,

1279년 중국(남송)의 순으로 몽골 세계에 차례로 편입된 것이다. 이같은 몽골제국의 확대과정에서 삼별초는 가장 치열하게 그 흐름에 저항했던 무력 집단이었다.

동아시아는 하나의 세계로서 오랜 역사와 공통된 문화를 축적해왔다. 그러나 20세기 일본 제국주의의 발호에 의하여 동아시아는 공동체적 콘센서스가 철저히 파괴되었다. 따라서 향후 동아시아의 평화와 안정, 발전을 위해서는 공동체적 연대를 강화하고 협조를 진작시켜야 하는 것이 당면의 과제가 되었다. 이와 관련하여 내년, 2018년은 고려의 건국 1100년이 되는 해라는 사실이 주목된다. 고려 건국의 날짜는 6월 15일(병진, 음력)이고, 양력으로는 7월 25일이다. 고려 왕조는 후삼국의 분열을 종식시키고 실질적 민족 통합을 이룩한 왕조이다. 남북 분단의 현실적 상황에서 통일을 지향하는 우리 시대에 있어서 특별한 의미를 갖는다. 고려는 부단한 외세의 침입에 시달리면서도 민족의 자주성을 지켜 냈던 역사를 가지고 있다. 남북 대치에 미, 일, 중, 러 등 4대 강국의 틈새에서 자주적 국가 발전을 이루어 나가야 하는 21세기 우리 시대에 귀중한 교훈을 주는 역사가 고려 역사이기도 하다.

삼별초는 자주성을 상실한 개경의 정부를 부정하고, 고려의 정통 정부를 표방하여 떨쳐 일어선 집단이다. 이점에서 삼별초는 고려 건국과 그 정신적 맥이 이어져 있다. 고려 건국 1100년이 되는 2018년에 삼별초를 기억해야 하는 이유가 여기에 있다. 그리고 이러한 전제에서 삼별초를 우리시대의 새로운 문화적 자원으로 활용하는 방안이 적극 모색되어 가야 할 것이다.

:: 참고문헌 ::

김일우, 『고려시대 탐라사 연구』, 신서원, 2000.

김호준, 『고려 대몽항쟁기의 축성과 입보』, 충북대학교 박사학위 논문, 2012.

목포대학교 박물관, 『13세기 동아시아 세계와 진도 삼별초』, 2011.

윤용혁, 『고려 삼별초의 대몽항쟁』, 일지사, 2000.

이희인, 『고려 강화도성』, 혜안, 2016.

윤용혁, 『삼별초 −무인정권.몽골, 그리고 바다로의 역사』, 혜안, 2014.

강창화·김용덕, 「삼별초 최후의 거점, 항파두성」, 『계간 한국의 고고학』 31, 주
　　　류성출판사, 2016.

고용규, 「해상왕국 고려를 꿈꾸다, 용장성」, 『계간 한국의 고고학』 31, 주류성출
　　　판사, 2016.